Investieren in Etf

Schritt-für-Schritt-Anleitung zum Investieren und Verdienen mit Etf.
Methoden und Strategien zur Erzielung eines konstanten, risikoarmen passiven Einkommens

Valentin Albrecht

Zusammenfassung

Anmerkung des Autors

Die Welt der börsengehandelten Fonds ist ein faszinierendes Feld, das aber auch Gefahren bergen kann: Ich empfehle immer äußerste Sparsamkeit und das Wissen, dass man nur durch Wissen und Studium den richtigen Weg zu Gewinn und Zufriedenheit finden kann.

Man muss Schritt für Schritt ein Training absolvieren, um das große Potenzial der ETFs und dieser Welt zu erkennen.

Denjenigen, die gerade erst anfangen, empfehle ich dringend, vorsichtig zu sein und nur die Summen zu investieren, die man sich leisten kann, zu verlieren, falls ein Missgeschick passiert. Marktschwankungen sind unberechenbar, aber dank dieser Instrumente können wir unser Schiff in Richtung unserer Ziele steuern.

Immer auf dem Weg zum Erfolg! Viel Spaß beim Lesen!

Einführung - was sind Etf 's und Etc's

Es gibt viele Möglichkeiten, Ihr Geld zu investieren, um Ihr Vermögen aufzubauen. Von Aktien über Anleihen bis hin zu Indexfonds gibt es eine breite Palette von Anlageformen für jeden Anlegertyp, je nach seinen Zielen.

Eine gängige Wahl für Anfänger, die sich am gesamten Aktienmarkt beteiligen möchten, ist die Investition in einen Exchange Traded Fund. Wahrscheinlich kennen Sie schon die Abkürzung: ETF.

Was sind ETFs?

Stellen Sie sich ETFs als Eimer vor, die eine Sammlung von Wertpapieren, wie z. B. Aktien und Anleihen, enthalten. Da sich die ETFs aus diesen verschiedenen Vermögenswerten zusammensetzen, bieten sie den Anlegern eine sofortige Diversifizierung. Wenn ein Anleger einen Anteil an einem börsengehandelten Fonds kauft, wird sein Geld auf mehrere Anlagen verteilt. Dies unterscheidet sich von Aktien, bei denen man einzelne Aktien eines einzigen Unternehmens kauft.

ETFs bilden im Allgemeinen einen Marktindex wie den S&P 500 nach. Da sich die Wertentwicklung von ETFs in der Regel an einem Index orientiert, was bedeutet, dass sie den Höhen und Tiefen dieses Index folgen, handelt es sich bei den meisten um passiv verwaltete Anlagen, die daher wahrscheinlich niedrigere Gebühren als Investmentfonds haben. Investmentfonds hingegen wollen die Marktperformance übertreffen und werden daher von einem Fondsmanager verwaltet, der aktiv Anlagen auswählt.

Ähnlich wie Aktien können ETFs tagsüber an der Börse gekauft und verkauft werden, und je nach Art des vom Fonds abgebildeten Index können die Anleger sogar Dividenden erhalten.

Da börsengehandelte Fonds eine integrierte Diversifizierung bieten und keine großen Kapitalbeträge erfordern, um in eine Reihe von Aktien zu investieren, sind sie eine gute Möglichkeit für den Einstieg. Sie können sie wie Aktien handeln und haben gleichzeitig ein diversifiziertes Portfolio.

Zunächst müssen Sie ein Online-Konto bei einem Broker oder einer Handelsplattform einrichten. Nach der Einzahlung auf das Konto können Sie ETFs kaufen, indem Sie deren Tickersymbol verwenden und angeben, wie viele Anteile Sie haben möchten.

Die Entscheidung über die Anzahl der zu kaufenden Aktien hängt weitgehend vom aktuellen Kurs einer Aktie und Ihrer eigenen finanziellen Situation ab. ETFs eignen sich gut für Einsteiger, da sie einen einfachen Zugang bieten: Sie können sogar einen einzelnen Anteil kaufen, und bei einigen Brokern können Sie sogar Bruchteile von Anteilen erwerben.

Die Provisionen variieren je nach Broker, aber es ist am besten, nach Optionen mit sehr niedrigen oder keinen Transaktionskosten zu suchen.

Man muss nicht besonders erfahren sein, um mit ETFs zu investieren, und Investitionen in sie sind ein einfacher Weg, um in den Markt einzusteigen.

Ein börsengehandelter Fonds, kurz ETF, ist ein Investmentfonds, mit dem Sie einen großen Korb von Einzelaktien oder Staats- und Unternehmensanleihen mit einem einzigen Kauf erwerben können. Betrachten Sie die ETFs daher als Anlagevehikel.

Man könnte sagen, dass der ETF ein Verwandter des Investmentfonds ist, der eine weitere Möglichkeit ist, viele Wertpapiere auf einmal zu kaufen. Es gibt jedoch einige große Unterschiede zwischen ETFs und Investmentfonds. Während Fonds auf Gegenseitigkeit in der Regel von menschlichen Fondsmanagern verwaltet werden, die aktiv Aktien in den Fonds ein- und aus ihm herausnehmen, je nachdem, welchen Anstieg oder Rückgang sie vorhersagen, wird die große Mehrheit der börsengehandelten Fonds anders verwaltet.

Im Gegensatz dazu sind viele börsengehandelte Fonds mit einem Algorithmus programmiert, der einfach einen ganzen Wirtschaftssektor oder Index nachbildet, wie z. B. den S&P 500 oder den Rentenmarkt. Aus diesem Grund werden Investmentfonds im Allgemeinen als "aktiv verwaltet" und ETFs als "passiv verwaltet" bezeichnet, obwohl es viele Ausnahmen von dieser Regel gibt. Im Gegensatz zu Investmentfonds, die nur einmal am Tag bewertet werden, können börsengehandelte Fonds während des gesamten Handelstages gekauft und verkauft werden, genau wie einzelne Wertpapiere. Dies erklärt, warum sie als "börsengehandelte" Fonds bezeichnet werden.

Obwohl die Vielfalt der ETFs nicht so groß ist, gibt es eine erschreckende Anzahl und Vielfalt von ihnen, und ihre Zahl wächst täglich. Im Folgenden sind die wichtigsten Anlageklassen und Anlageprodukte aufgeführt, die in den größten Kategorien von ETFs enthalten sind.

Überwachung des Aktienmarktes ETFs

ETFs, die Indizes wie den Aktien- oder Rentenmarkt abbilden, haben bei weitem die meisten Investitionen von Einzelanlegern angezogen. Sie sind auch als Index-ETFs oder Renten-ETFs bekannt, da sie einen bestimmten Marktindex abbilden. Sie sind eine besonders beliebte Möglichkeit für Anleger, einen kleinen Teil der Wirtschaft zu besitzen.

Wer sich an internationalen Aktien beteiligen möchte, kann in eine der verschiedenen Arten von internationalen ETFs investieren.

ETFs, die sich auf alle Volkswirtschaften der Welt konzentrieren.

Ein börsengehandelter Fonds wie der Total International Stock ETF (VXUS) von Vanguard zielt darauf ab, "die Wertentwicklung ... von Aktien abzubilden, die von Unternehmen mit Sitz in Industrie- und Schwellenländern mit Ausnahme der Vereinigten Staaten ausgegeben werden". Mit einem Preis kann man sich also in den meisten Volkswirtschaften außerhalb der USA engagieren. Sie können auch in ETFs investieren, die die Aktienmärkte bestimmter Länder abbilden, z. B. die Toronto Stock Exchange (TSX) oder die Tokyo Stock Exchange (TYO).

ETFs mit Schwerpunkt auf den entwickelten Märkten

Entwickelte Märkte sind die Märkte von Ländern, die über eine gefestigte Wirtschaft verfügen, im Allgemeinen eine etablierte Rechtsstaatlichkeit haben und im Vergleich zu anderen Ländern der Welt technologisch fortgeschritten sind. Einige Beispiele für entwickelte Länder sind Australien, Japan und Deutschland. Ein ETF für Industrieländer würde ein breites Engagement in allen entwickelten Märkten bieten. Der iShares MSCI EAFE ETF (EFA) von BlackRock ist ein gutes Beispiel dafür.

ETFs mit Schwerpunkt auf den Schwellenländern

Der Begriff "Schwellenländer" wurde 1981 von dem Wirtschaftswissenschaftler Antoine van Agtmael geprägt, als er für die Internationale Finanz-Corporation (IFC) der Weltbank arbeitete, als Alternative zu den negativen Konnotationen des Begriffs "Dritte Welt". Schwellenländer wie Brasilien, China, Russland und die Türkei sind Länder mit relativ niedrigen durchschnittlichen Pro-Kopf-Löhnen, politisch weniger stabil als die entwickelten Märkte, aber offen für internationale Investitionen. Obwohl Anlagen in Schwellenländern tendenziell risikoreicher sind als in entwickelten Märkten, wird das Risiko etwas gemildert, wenn ein ETF in viele, viele Schwellenländer investiert. Der FTSE Emerging Markets ETF (VWO) von Vanguard, der größte seiner Art nach verwaltetem Vermögen (AUM), versucht, "die Wertentwicklung des FTSE Emerging Markets All Cap China A Inclusion Index genau nachzubilden.

Börsengehandelte Fonds (ETFs) sind eine Art von Wertpapieren, die die Flexibilität von Aktien mit der Diversifizierung von Investmentfonds kombinieren. Der börsengehandelte Teil des Namens bezieht sich darauf, dass diese Wertpapiere als Aktien auf dem Markt gekauft und verkauft werden. Der Fondsteil bezieht sich darauf, dass ein ETF einen einfachen Zugang zur Diversifizierung und zum Engagement in einer Vielzahl von Anlageklassen bietet.

Was ist ein ETF? Wie funktionieren sie?

Ein ETF ist so konzipiert, dass er den Kurs eines Index oder einer Reihe von Basiswerten so genau wie möglich nachbildet. So funktioniert es: Ein Finanzdienstleistungsunternehmen kauft einen Korb von Vermögenswerten (Aktien oder Anleihen, Währungen oder Warenterminkontrakte), aus denen der Fonds besteht. Das Unternehmen verkauft dann über Broker-Dealer Anteile, die den Wert des Fonds nachbilden. Anteile können wie Aktien auf Märkten gehandelt werden.

Wenn Sie Anteile an einem börsengehandelten Fonds kaufen, besitzen Sie nicht, wie bei Aktien eines Unternehmens, einen Teil der zugrunde liegenden Vermögenswerte. Das Finanzdienstleistungsunternehmen, das den börsengehandelten Fonds verwaltet, ist Eigentümer der Vermögenswerte und passt die Anzahl der im Umlauf befindlichen ETF-Anteile an, um deren Preis mit dem Wert der zugrundeliegenden Vermögenswerte oder des Index synchron zu halten (mehr dazu weiter unten).

Es gibt ETFs für jede Art von Vermögenswerten

Es gibt börsengehandelte Fonds, die sich auf fast alle Arten von Wertpapieren oder Vermögenswerten beziehen, die auf den Finanzmärkten erhältlich sind. Aktien-ETFs bilden die Aktien von Unternehmen eines Sektors ab. Anleihen-ETFs können in Staatsanleihen mit einer bestimmten Laufzeit, in erstklassige Schuldverschreibungen oder in Junk Bonds investieren. Devisen-ETFs kaufen die Währungen einer Nation oder sogar einer ganzen Region. Hybride ETFs kombinieren mehrere Vermögensarten und stimmen sie aufeinander ab.

ETFs können einen sehr breiten Fokus haben und versuchen, einen breiten Marktindex wie den S&P 500 oder sogar die Leistung der Wirtschaft eines ganzen Landes nachzubilden. Sie können auch einen sehr engen Fokus haben und sich auf eine kleine Gruppe von Unternehmen in einem Teilsektor spezialisieren.

Auf ETFs erhobene Provisionen

Wenn Sie Anteile an einem ETF halten, zahlen Sie in der Regel eine jährliche Verwaltungsgebühr. Dies geschieht in Form einer Kostenquote (manchmal auch Betriebskostenquote genannt), die einem Prozentsatz des Wertes Ihrer ETF-Anteile auf jährlicher Basis entspricht.

Die gute Nachricht ist, dass die ETF-Gebühren relativ niedrig sind. So lagen die Gebühren für passive Index-ETFs laut Morningstar im Jahr 2018 bei nur 0,10 Prozent. Es gibt aktiv verwaltete börsengehandelte Fonds (sie sind weniger verbreitet), die höhere Gebühren haben als Index-ETFs, die lediglich bestimmte Marktindizes nachbilden.

Je nachdem, welchen Makler Sie für den Kauf und Verkauf von Anteilen nutzen, können Ihnen auch Maklergebühren für den Handel mit ETFs in Rechnung gestellt werden. Viele Makler berechnen für bestimmte ETFs keine Provisionen. Bevor Sie sich zum Kauf eines börsengehandelten Fonds entschließen, sollten Sie prüfen, welche Provisionen anfallen können.

ETFs und Steuern

Die Erträge von ETFs werden auf die gleiche Weise besteuert wie die ihnen zugrunde liegenden Vermögenswerte. Wenn Sie einen Aktien-ETF besitzen und die Anlage verkaufen, wird ein etwaiger Gewinn wie der Verkauf einer Aktie behandelt. Wenn Sie den ETF für ein Jahr oder weniger halten, unterliegen Sie der kurzfristigen Kapitalertragssteuer zu Ihrem normalen Grenzsteuersatz. Wenn Sie den börsengehandelten Fonds länger als ein Jahr halten, werden Ihre Steuern zum langfristigen Kapitalertragssatz erhoben.

Einige Aktien-Dividenden-ETFs sammeln Dividenden aus den zugrunde liegenden Vermögenswerten und schütten sie an die Aktionäre aus oder reinvestieren sie, was unterschiedliche steuerliche Auswirkungen hat.

Wenn Sie in börsengehandelte Fonds investieren, sollten Sie sich über die steuerlichen Auswirkungen im Klaren sein. Wenn Sie börsengehandelte Fonds in einem steuerbegünstigten Rentenkonto halten möchten, sollten Sie sich bei

Ihrer Depotbank erkundigen, welche Arten von börsengehandelten Fonds in Ihrem Konto zulässig sind.

ETFs vs. Investmentfonds: Was ist der Unterschied?

ETFs und Investmentfonds haben einige Gemeinsamkeiten, aber es gibt auch wichtige Unterschiede zwischen diesen beiden Arten von Fonds, insbesondere in Bezug auf die Steuern. Wenn Sie in einen Investmentfonds investieren, besitzen Sie einen Anteil an den zugrunde liegenden Vermögenswerten, was bei ETFs nicht der Fall ist. Anteile an ETFs werden den ganzen Tag über an der Börse gehandelt, während Investmentfonds nur am Ende des Handelstages gekauft oder verkauft werden können.

Bei Investmentfonds haben Sie möglicherweise weniger Kontrolle über die Steuern, die Sie am Ende zahlen, insbesondere bei aktiv gehandelten Investmentfonds. Der Handel von Investmentfondsmanagern unterliegt den Haltevorschriften für langfristige und kurzfristige Kapitalgewinne.

Wenn ein Fondsmanager häufig Vermögenswerte kauft und verkauft, kann es sein, dass Sie Opfer von kurzfristigen Kapitalertragssteuern werden. Die Steuern auf Investmentfonds werden am Ende des Jahres erhoben. Je nachdem, wie der Fonds verwaltet wurde, besteht also die Möglichkeit, dass Sie am Ende mit einer hohen Steuerrechnung dastehen.

Wie ETFs ihre Basiswerte abbilden

Finanzdienstleistungsunternehmen verkaufen Blöcke von ETF-Anteilen (so genannte "Creation Units") an Broker-Dealer, um sicherzustellen, dass die Preise der ETF-Anteile weitgehend mit dem zugrunde liegenden Index oder den Preisen der vom Fonds gehaltenen Vermögenswerte übereinstimmen. Broker-Dealer kaufen diese Aktienpakete gegen Bargeld oder tauschen sie gegen die Arten von Vermögenswerten, die der Fonds hält.

Jeder ETF legt seinen Nettoinventarwert (NAV) am Ende des Handelstages offen, genau wie ein Investmentfonds; daher verkaufen oder handeln die Verwalter Creation Units, um den ETF wieder mit dem Wert der zugrunde liegenden Vermögenswerte in Einklang zu bringen, wenn der Marktpreis zu weit vom NAV abweicht. ETFs sind äußerst transparent, da alle gehaltenen Vermögenswerte täglich öffentlich aufgelistet werden, so dass es einfach ist, genau zu verstehen, was der Fonds hält.

Die Basiswerte, die von den börsengehandelten Rohstofffonds gehalten werden, sind Terminkontrakte, und in einigen Fällen sind die auslaufenden kurzfristigen Kontrakte billiger als die Kontrakte des Vormonats. Da die vom Fonds gehaltenen Futures rollen, kann es vorkommen, dass der börsengehandelte Fonds starke und plötzliche Verluste erleidet.

Diversifizierung: ein wesentlicher Vorteil von ETFs

Eines der wichtigsten Konzepte einer guten Anlage ist die Diversifizierung. Sie sollten nicht in ein zu enges Spektrum von Wertpapieren oder in nur eine Anlageklasse investieren, sondern ein diversifiziertes Portfolio mit einer breiten Palette von Wertpapieren und Vermögenswerten anstreben. Dies schützt Ihr Vermögen: Wenn einige Vermögenswerte an Boden verlieren, sollten andere besser abschneiden.

Mit ETFs können Sie Ihr Anlageportfolio leicht diversifizieren. Mit Rohstoff-, Edelmetall- und Währungs-ETFs können Anleger einfach durch den Kauf von ETF-Anteilen ein Engagement in alternativen Anlageklassen aufbauen.

Denken Sie daran, dass eine Investition in einen Rohstoff-ETF nicht dasselbe ist wie der Besitz von Rohstoffen. Achten Sie außerdem darauf, dass Ihr ETF-Portfolio nach den Grundsätzen der Diversifizierung und Vermögensallokation aufgebaut ist, um Ihre Ziele zu erreichen, anstatt sich zu sehr auf den Kauf von etwas Exotischerem zu konzentrieren.

In der Alltagssprache könnte sich ein ETC (Exchange Traded Commodity) auf einen börsengehandelten Rohstofffonds (ETF) beziehen, aber eigentlich ist ein ETC ein Produktname für eine bestimmte Art von Wertpapier. Der Begriff ETC ist in Europa und Australien gebräuchlich, wo die London Stock Exchange und die Australian Securities Exchange Handelsprodukte mit der Bezeichnung ETC anbieten. Die meisten Anleger werden keinen Unterschied zwischen den meisten börsengehandelten Rohstoff-ETFs oder börsengehandelten Rohstoff-Notizen (ETNs) und ETCs feststellen, aber es gibt strukturelle Unterschiede.

Was ist ein ETC?

Ein ETC wird wie eine Aktie an einer Börse gehandelt, bildet aber den Preis eines Rohstoffs oder eines Rohstoffindex ab. In diesem Sinne haben ETCs einen Aktienkurs, der steigt und fällt, wenn sich der Wert des zugrunde liegenden Rohstoffs ändert.

Unterschiede zwischen einem ETC und einem ETF (oder ETN)

Rohstoff-ETFs investieren in einen Rohstoff, indem sie den zugrunde liegenden Rohstoff, den der ETF überwachen soll, kaufen oder verkaufen, oder indem sie Terminkontrakte auf den zugrunde liegenden Rohstoff kaufen oder verkaufen. Ein ETC tut dies nicht direkt. Ein ETC ist eine Schuldverschreibung oder ein Schuldtitel, der von einer Bank für den Emittenten des ETC gezeichnet wird. Daher besteht das Risiko, dass der Underwriter zahlungsunfähig wird und somit nicht in der Lage ist, den ETN finanziell zu unterstützen. Dies würde den ETN wertlos machen, auch wenn der zugrunde liegende Rohstoff noch einen Wert hat.

Ein ETC ist eine Fusion zwischen einem ETF und einem ETN. Er ist durch eine verbriefte Schuldverschreibung abgesichert, aber diese Schuldverschreibung ist mit physischen Rohstoffen unterlegt, die mit Geld aus Kapitalzuflüssen in den ETC gekauft werden. Dadurch verringert sich das Risiko von Insolvenzproblemen für den Versicherer.

Wie ein ETN weist auch ein ETC nur sehr wenige Tracking-Fehler auf, da der Schein einen Index abbildet und nicht die physischen Terminkontrakte oder die physischen Rohstoffe, die er enthält. Ein börsengehandelter Fonds bildet seine Bestände ab, was ihn anfällig für Tracking-Fehler macht, bei denen sich die Preisbewegungen der Rohstoffe im Laufe der Zeit nicht genau in den Kursbewegungen des börsengehandelten Fonds widerspiegeln.

Die Unterschiede zwischen einem ETC, einem börsengehandelten Fonds und einem ETN sind komplex und stecken voller juristischer Fachausdrücke. Die Prospekte für diese Art von Produkten sind in der Regel lang, sollten aber gelesen werden, damit alle Risiken bekannt sind, bevor man investiert. Ein Produkt ist nicht zwangsläufig besser als ein anderes; vielmehr sollten Anleger jede Anlagemöglichkeit mit ähnlichen Anlageformen vergleichen, bevor sie die für sie beste auswählen.

Was die strukturellen Unterschiede zwischen einem ETF und einem ETC betrifft, so investiert der ETF direkt in physische Rohstoffe oder Terminkontrakte. Bei einem ETC handelt es sich um eine Schuldverschreibung, die von einem Underwriter besichert wird, der die Schuldverschreibung durch den Kauf des Rohstoffs garantiert. Anleger werden oft kaum Unterschiede zwischen den verschiedenen Arten von börsengehandelten Produkten feststellen, aber ein wenig Recherche vor der

Investition kann zeigen, dass ein Produkt einen leichten Vorteil gegenüber einem anderen hat.

In diesem Buch werden wir uns eingehend und präzise mit diesem Thema befassen und versuchen, alle Vorteile dieser immensen Möglichkeit aufzuzeigen.

Die wichtigsten Merkmale

Bei über 5.000 weltweit gelisteten ETFs kann es für einen Händler überwältigend sein, den besten Weg zum Handel mit einem ETF zu finden. Allein in Europa sind mehr als 1.600 börsennotiert, wobei sich die Liquidität auf die 50 größten ETFs konzentriert.

Jüngste Tradebook-Studien über den ETF-Handel zeigen außerdem, dass er sich stark von der Ausführung gewöhnlicher Aktien unterscheiden kann. Ein großer Lagerauftrag kann erhebliche Auswirkungen auf den Markt haben. Ein ETF-Auftrag von ähnlichem Umfang hat dagegen weniger Auswirkungen auf den Markt. Dies deutet darauf hin, dass für die Ausführung von ETFs unterschiedliche Strategien erforderlich sind und dass allgemeine Aktienalgorithmen nicht ausreichen werden.

Weitere Studien zu Handelsbüchern deuten auch darauf hin, dass der Blockhandel für eine optimale Leistung der ETF in Betracht gezogen werden sollte.

Neben den Vorteilen des Handels mit börsengehandelten Wertpapieren liegt der Schlüssel zum erfolgreichen Handel mit börsengehandelten Wertpapieren darin, die wichtigsten Merkmale eines börsengehandelten Wertpapiers zu kennen, die dem Händler Anhaltspunkte für die zu erwartende Liquidität und die zu erwartenden Preise geben können.

1. Einheit für die Erstellung

Das erste Attribut ist die Erstellungseinheit eines ETF. Die Erstellungseinheit ist die Größe des Blocks eines börsengehandelten Fonds, der beim Emittenten erstellt oder zurückgenommen werden kann. Mit in der Regel 50.000 bis 100.000 ETF-Anteilen ist die Creation Unit eine Art "Round Lot" für einen ETF. Händler wissen, dass man auf vielen Märkten einen unterschiedlichen Preis für "Round Lots" und "Odd Lots" erwarten kann. In der Regel wird ein "ungerades Los" zu einem niedrigeren Preis gehandelt als ein "gerades Los".

Ein Händler hat zum Beispiel einen ETF-Auftrag über 50.000 Anteile und die Erstellungseinheit beträgt ebenfalls 50.000 Anteile. Im Vergleich zu den aktuellen Marktpreisen kann ein Händler von den Liquiditätsanbietern einen besseren Preis für einen Block von 50.000 ETFs erwarten. Die Aufteilung einer Bestellung von 50.000 Aktien in 5 ungerade Lose zu je 10.000 Aktien führt möglicherweise nicht zu den besten Preisen.

1. INAV

Der indikative Nettoinventarwert (INAV) ist der in den ETF-Kurs umgerechnete Intraday-Nettoinventarwert des zugrunde liegenden Korbs. Dieser INAV wird vom ETF-Emittenten festgelegt und von den Börsen alle 15 Sekunden auf der Grundlage der letzten Kurse der zugrunde liegenden Wertpapiere veröffentlicht.

Dieser "faire Wert" gibt einem Händler einen "Preisrichtwert", bei dem er davon ausgehen kann, dass er einen ETF handeln kann. Meistens kann ein ETF mit einem Auf- oder Abschlag zum INAV gehandelt werden. Ein Teil dieser Diskrepanz ist möglicherweise auf die zeitliche Verzögerung bei der Einspeisung der INAV-Preise zurückzuführen. Einige davon sind auf die Art und Weise zurückzuführen, wie der INAV berechnet wird.

Beispielsweise werden viele INAV-ETFs für festverzinsliche Wertpapiere mit jeder zugrunde liegenden Anleihe bewertet. Die meisten Anleihen werden nicht elektronisch gehandelt, und einige werden nicht einmal gehandelt. Wenn man sich auf einen Preisberechnungsdienst für Anleihen verlässt, kann der faire Wert eines börsengehandelten Fonds ungenau sein. Der Kauf eines börsengehandelten Fonds bedeutet normalerweise die Zahlung des Geldkurses, wodurch der Preis einen Aufschlag auf die Berechnung des Geldkurses des INAV darstellt.

3. Implizite Liquidität

Die implizite Liquidität ist ein "Anhaltspunkt für das Volumen der für einen ETF verfügbaren Liquidität". Die hohe Liquidität des zugrunde liegenden Korbs gibt an, wie viele ETF-Anteile an einem Tag potenziell gehandelt werden können.

1. Fondsströme

Fund Flows ist wahrscheinlich die am einfachsten zu verstehende Funktion. ETFs können jeden Tag neu aufgelegt oder zurückgenommen werden. Diese täglichen Nettomittelzuflüsse oder -abflüsse für einen börsengehandelten Fonds geben einen guten Hinweis auf die tägliche Marktstimmung.

7 ETF-Gewinnmerkmale | ETF-Trends

Trotz aller Vorteile, die eine scheinbar unendliche Anzahl von Wahlmöglichkeiten mit sich bringt, können die zahllosen Optionen auch überwältigend sein, wenn man anfängt, zu viel darüber nachzudenken. Die Zahl der Optionen für börsengehandelte Fonds (ETFs) geht inzwischen in die Hunderte, so dass man unbedingt wissen muss, wie man sie auswählt.

Die große Zahl der Fonds hat zu einem intensiven Wettbewerb um die Gelder der Anleger geführt. Eine Möglichkeit, sich zu differenzieren, besteht darin, sich auf sehr spezifische Marktnischen zu konzentrieren, wie z. B. die Schifffahrt oder medizinische Geräte. Andere Fonds haben sich auf heiße Anlagetrends wie grüne Energie gestürzt. Es gibt auch inländische Lücken in der Investmentwelt, die noch gefüllt werden müssen, und die "First Mover" könnten in einer guten Position sein, um von der Schließung dieser Lücken zu profitieren.

Bei der Vielzahl der verfügbaren Fonds sollten Anleger daran interessiert sein, bestimmte Merkmale zu erkennen, die für oder gegen einen Fonds sprechen können.

- Ein Fonds sollte ein Mindestvermögen von 10 Mio. EUR haben. Dadurch wird sichergestellt, dass ein Fonds über eine hohe Liquidität und enge Spreads verfügt.
- Ein Fonds sollte ein hohes tägliches Handelsvolumen aufweisen. Das Handelsvolumen kann in den Bereich von Millionen von Geschäften pro Tag gehen. Hohe Volumina sorgen für Liquidität und ermöglichen einen einfachen Ausstieg. Auch hier gilt: Wenn Sie ein großer Händler sind, sollten Sie sich an einen alternativen Liquiditätsanbieter wenden.
- Unter Risikogesichtspunkten kann es ratsam sein, in Fonds zu

investieren, die einen breiten Index nachbilden, anstatt in einen obskuren Index. Wenn Sie jedoch ein höheres Risiko eingehen möchten, sollten Sie engere Fonds in Betracht ziehen: Setzen Sie einfach einen Stop-Loss ein.

- ETFs sind darauf ausgelegt, Indizes abzubilden. Unter gleichen Voraussetzungen sind Fonds mit kleinen Tracking-Errors denjenigen mit größeren Fehlern vorzuziehen.
- Fonds, die als erste einen Index nachbilden, sind in der Regel denjenigen vorzuziehen, die lediglich die "First Mover" imitieren. Dies liegt daran, dass Fonds, die zu den Erstanlegern gehören, in der Regel mehr Anlegergelder anziehen, wodurch die Vermögenswerte und das Handelsvolumen und damit die Liquidität steigen.
- Vergessen Sie die Kosten nicht. Wenn Sie mehrere ETFs in Betracht ziehen, die sich weitgehend ähneln, sollten Sie sich ansehen, wie viel sie kosten. Es ist nicht das A und O, aber unterm Strich ist billiger besser.
- Wie sieht Ihre Strategie aus? Haben Sie eine Strategie, bevor Sie kaufen? Das werden wir in den nächsten Kapiteln sehen.

Manchmal muss ein ETF liquidiert werden. In der Regel informiert der Fonds seine Anleger drei oder vier Wochen vor der Liquidation. Anleger, die mit einer Liquidation konfrontiert sind, haben eine von zwei Möglichkeiten.

- Verkaufen Sie vor dem Stop-Trading-Datum, um einen starken Rückgang der Basiswerte zu vermeiden.
- Halten der Aktien bis zur Liquidation, bei der die Anleger eine Ausschüttung der verkauften Vermögenswerte erhalten. Auf diese Weise kann ein Anleger potenziell hohe Geldspreads auf die Fondsanteile vermeiden.

Bei sorgfältiger Auswahl sind börsengehandelte Fonds eine gute Möglichkeit, das Risikoprofil Ihres Portfolios zu senken und ein Engagement in einer Vielzahl verschiedener Marktsektoren zu erreichen.

Wie werden sie geboren? Ein bisschen Geschichte

Börsengehandelte Fonds sind in der Welt der Investitionen allgegenwärtig. ETFs werden von allen Arten von Anlegern genutzt, von Einzelpersonen mit relativ kleinen Konten und einfachen Strategien bis hin zu hochentwickelten Hedgefonds, die Milliardenbeträge verwalten.

Es mag schwer zu glauben sein, dass die ETF-Branche noch relativ jung ist; die meisten ETF gibt es erst seit einer Handvoll Jahren, und es ist noch gar nicht so lange her, dass das Vermögen weniger als 500 Milliarden Euro betrug. Nachfolgend finden Sie einen umfassenden Überblick über die Geschichte der ETF-Branche, beginnend mit der Einführung des ersten börsennotierten Produkts.

Januar 1993: Einführung des S&P 500 SPDR (SPY)

Als der erste ETF in den Handel kam, war Bill Clinton Präsident. Der SPY A wurde mit relativ wenig Aufsehen aufgelegt, hat aber seit seiner Einführung das größte verwaltete Vermögen aller börsengehandelten Fonds angehäuft.

April 1995: Einführung der zweiten ETF

So wie der zweite Mann, der den Mond betrat (Buzz Aldrin), nicht so bekannt ist wie Neil Armstrong, ist auch der zweite ETF, der aufgelegt wurde, vielen Anlegern nicht im Gedächtnis geblieben. Im Frühjahr 1995 legte State Street den **MidCap SPDR** (MDY B+) auf, der die Wertentwicklung des S&P MidCap 400 Index nachbilden sollte. MDY ist nach wie vor recht beliebt; der Fonds verfügt über ein Vermögen von rund 17 Mio. USD und ein durchschnittliches Tagesvolumen von rund 1,5 Mio. Aktien (Stand: 6.4.2015).

März 1996: iShares führt internationale ETFs ein

Zu den ersten iShares ETFs, die auf den Markt kamen, gehörten eine Reihe von internationalen Aktien-ETFs, die auf **Australien** (EWA B+), **Kanada** (EWC C+), **Schweden** (EWD B+), **Hongkong** (EWH A), **Deutschland** (EWG B+) und **Italien** (EWI B-) ausgerichtet sind, **Japan** (EWJ A), **Belgien** (EWK A-), **die Schweiz** (EWL A-), **Malaysia** (EWM B+), die **Niederlande** (EWN B+), **Österreich** (EWO C+), **Spanien** (EWP B-), **Frankreich** (EWQ B+), **Singapur** (EWS B+), das **Vereinigte Königreich** (EWU A-) und **Mexiko** (EWW A).

Dezember 1998: Debüt der Sektor-SPDRs

Heute gibt es börsengehandelte Fonds, die Zugang zu extrem kleinen Teilbereichen der Wirtschaft bieten, darunter Smartphones, Platinminen und soziale Medien (SOCL C+). Der erste Schritt in Richtung dieser sektoralen Granularität wurde Ende 1998 getan, als eine Reihe von Produkten für die wichtigsten Sektoren der US-Wirtschaft auf den Markt kam. Sektor-SPDRs sind recht einfach und unterteilen den S&P 500 nach Sektoren.

Juli 2002: Einführung von ETFs auf Anleihen

Renten-ETFs sind äußerst beliebte börsengehandelte Produkte, die verschiedene Anleihen abbilden. Es mag schwer zu glauben sein, dass diese Produkte nicht schon früher aufgelegt wurden, aber sie waren dennoch erfolgreich. iShares legte seine ersten vier Renten-ETFs - (IEF A-), (LQD A-), (SHY A) und (TLT B-) - im Sommer 2002 auf.

November 2004: Einführung des Gold SPDR (GLD)

Der erste börsengehandelte Rohstofffonds, der auf den Markt kam, war (GLD A-), der ein Engagement in physischem Gold bietet. GLD ist heute einer der beliebtesten börsengehandelten Fonds, wurde aber erst mehr als ein Jahrzehnt nach der Markteinführung des ersten ETF gehandelt. Der zweite börsengehandelte Goldfonds, iShares (IAU A), wurde nur wenige Monate später, im Januar 2005, aufgelegt und war ebenfalls recht erfolgreich.

Juni 2006: ETN steigen ins Spiel ein

Mitte 2006 brachte Barclays seine ersten beiden börsengehandelten Wertpapiere auf den Markt: zwei Produkte, die ein Engagement in Warenterminkontrakten bieten. Der **Dow Jones-UBS Commodity Index ETN** (DJP A-) und der **S&P GSCI Total Return Index ETN** (GSP B-) bieten beide Zugang zu diversifizierten Körben von Rohstoff-Futures-Kontrakten, wobei die Mischung zwischen beiden leicht variiert.

November 2009: Schwab führt provisionsfreie ETFs ein

Charles Schwab war ein Nachzügler im ETF-Geschäft, sorgte aber mit der Einführung von vier Fonds, die innerhalb von Schwab-Konten provisionsfrei gehandelt werden können, für Furore. In den folgenden Monaten zogen andere Broker schnell nach: Fidelity, TD Ameritrade, Vanguard und E*TRADE bieten nun den provisionsfreien ETF-Handel an.

Dezember 2010: ETF-Vermögen erreicht 1 Billion Dollar

Ende 2010 erreichte die ETF-Branche die unvermeidliche 1-Billionen-Dollar-Marke. Vor allem dank der Erholung des Aktienmarktes seit der Talsohle Anfang 2009 hat das Gesamtvermögen der ETFs die Marke von 1 Billion US-Dollar überschritten und ist seitdem nicht mehr zurückgegangen. Im Dezember 2014 belief sich das gesamte Nettovermögen der ETFs auf fast 2 Billionen, was etwa 13 % des gesamten von langfristigen Investmentfonds, ETFs, geschlossenen Fonds und Investmentfonds Ende 2014 verwalteten Nettovermögens entspricht.

Warum sprechen die Banken nicht über ETFs?

Börsengehandelte Bankenfonds (ETFs) bieten Anlegern ein Engagement im Banken- und Finanzsektor der Wirtschaft. Das Spektrum der Bankdienstleistungen reicht von der Entgegennahme von Einlagen und Krediten über die Erleichterung des Zahlungsverkehrs bis hin zu Anlageverwaltung, Altersvorsorge, Versicherungen und Maklerdiensten.

Banken-ETFs bieten Anlegern eine Möglichkeit, an diesen Gewinnen teilzuhaben, indem sie in einen Korb von Banken und anderen Finanzdienstleistungsunternehmen investieren.

Wichtige Punkte

- Der Bankensektor hat sich im vergangenen Jahr besser entwickelt als der Gesamtmarkt.
- Die börsengehandelten Fonds (ETFs) der Banken mit den besten Gesamtrenditen über ein Jahr sind FTXO, IAT und KBWB.
- Die Hauptbestandteile dieser ETFs sind New York Community Bancorp Inc. und PNC Financial Services Group Inc. bzw. Wells Fargo & Co.

- Obwohl sich traditionelle Investmentfonds und börsengehandelte Fonds ähneln, lohnt es sich, ihre Unterschiede zu berücksichtigen, bevor Sie sich für den für Sie geeigneten Fonds entscheiden.
- Zu diesen Unterschieden gehören die Art des Handels, die Kosten und die steuerlichen Auswirkungen.

Einige Anleger möchten vielleicht ihre Kenntnisse über Investmentfonds und börsengehandelte Fonds überprüfen.

Ein Viertel der Anleger hat keine Präferenz zwischen den beiden und 17 % kennen den Unterschied nicht, so eine neue Studie von Raymond James. 44 % bevorzugen Investmentfonds, während 14 % ETFs bevorzugen.

Es ist sehr wichtig, die Unterschiede zwischen ihnen zu verstehen.

Wie Sie sie einsetzen, hängt von Ihrem Anlagezeitraum, Ihren Zielen und Ihrem Finanzplan ab: Es gibt viele Überlegungen.

Die Daten stammen aus einer Umfrage, in der allgemeine Themen wie die Zufriedenheit mit den Fortschritten bei der Verwirklichung von Investitionszielen und der Prozess der Investitionsentscheidung untersucht wurden. Für die Mitte August durchgeführte Online-Umfrage wurden mehr als 1.000 Anleger befragt.

Obwohl sich Investmentfonds und herkömmliche ETFs in vielerlei Hinsicht ähneln, werden im Folgenden ihre wichtigsten Unterschiede erläutert, damit Sie entscheiden können, ob einer oder beide in Ihre Anlagestrategie passen.

Die Grundlagen

Wie wir bereits erwähnt haben, wissen Sie wahrscheinlich bereits, dass sowohl traditionelle Investmentfonds als auch ETFs im Grunde genommen Geldpools sind, an denen Anleger Anteile kaufen.

Viele traditionelle Investmentfonds werden aktiv verwaltet, was bedeutet, dass Anlageexperten am Ruder sitzen und entscheiden, wo das Vermögen eines Fonds investiert wird. Dies hängt von den Anlagezielen des Fonds ab, d. h. Wachstum, Erträge, die im Allgemeinen aus Aktien, Anleihen oder Barmitteln bestehen können, oder eine Mischung.

Vermögen in Investmentfonds, ETFs

Art des Fonds	Erbe
Aktiv verwaltete Investmentfonds	11,8 Billionen Euro
Passiv verwaltete Indexfonds	3,6 Billionen Euro
Passiv verwaltete ETFs	3,6 Billionen Euro
Aktiv verwaltete ETFs	61,9 Milliarden

Andere Investmentfonds sind passiv verwaltete Indexfonds. Das heißt, sie folgen einem Index, z. B. dem Standard & Poor's 500, anstatt jemanden zu haben, der die Anlagen sammelt und auswählt.

Was die börsengehandelten Fonds anbelangt, so werden die meisten passiv verwaltet und folgen einem Index, obwohl ein kleiner Teil einen Aspekt der aktiven Verwaltung nutzt.

Handel

Ein großer Unterschied zwischen traditionellen Investmentfonds und ETFs ist die Art und Weise, wie sie gehandelt werden.

Traditionelle Investmentfonds, ob aktiv verwaltete oder Indexfonds, können nur einmal am Tag, nach Börsenschluss um 16:00 Uhr ET, gekauft und verkauft werden.

Im Gegensatz dazu werden ETFs den ganzen Tag über wie Aktien gehandelt. Dies bedeutet, dass die Anleger schnell auf Marktnachrichten reagieren können, um bei Bedarf zu kaufen oder zu verkaufen.

Langfristig orientierte Anleger, die z. B. für einen Jahrzehnte entfernten Ruhestand sparen, sollten sich jedoch generell an eine Anlagestrategie halten, die nicht auf dem Versuch basiert, den Markt zu timen.

Die meisten langfristig orientierten Anleger haben kein wirkliches Bedürfnis, z. B. um 10 Uhr vormittags zu handeln und nicht erst am Ende des Tages.

Wenn überhaupt, könnte diese Liquidität schädlich sein, wenn sie sie dazu veranlasst, häufiger zu handeln, als sie es sonst tun würden.

Kosten

Aktiv gemanagte Fonds sind in der Regel teurer als passiv gemanagte Fonds, da Sie für das Anlage-Know-how bezahlen.

Bei Investmentfonds werden die Kosten als Kostenquote bezeichnet und als Prozentsatz ausgedrückt. Es handelt sich um den Anteil Ihres Vermögens, den der Fonds jedes Jahr als Gebühr für die Verwaltung Ihres Geldes einnimmt.

Die durchschnittliche Kostenquote für traditionelle, aktiv verwaltete Investmentfonds beträgt 1,09 %. Bei Indexfonds sind es 0,79 %. Die meisten passiven ETFs haben eine Kostenquote von 0,57 Prozent. Die aktiv verwalteten Fonds machen 0,76 Prozent aus.

Ihre Anlagegebühren sind wichtig, weil sie einen Teil des Geldes aufzehren, das sonst auf Ihrem Konto wäre und weiter wachsen würde. Je höher die jährlichen Kosten sind, desto größer ist die Auswirkung auf Ihr Einkommen im Laufe der Zeit.

Nehmen wir an, Sie haben 20 Jahre lang 100.000 € investiert und die jährliche Rendite beträgt 4 Prozent. Wenn Sie 0,25 Prozent pro Jahr zahlen würden, hätten Sie nach Angaben des Office of Investor Education and Advocacy der Securities and Exchange Commission fast 210.000 Euro. Wenn

Sie dagegen 1 Prozent pro Jahr einzahlen würden, würden aus den 100.000 € nur etwa 180.000 € werden.

Investitionen

Wie bereits erwähnt, gibt es bei aktiv verwalteten Fonds einen Experten oder ein Expertenteam, das genau auswählt, wie Ihr Geld investiert werden soll. Der Fondsprospekt gibt die Parameter vor, die die Fondsmanager bei der Auswahl der Anlagen beachten müssen, und die Wertentwicklung hängt davon ab, ob das Fondsmanagementteam die richtigen Entscheidungen getroffen hat.

Indexfonds und die meisten börsengehandelten Fonds haben keine Anlageflexibilität, d. h. wenn sich der Index, dem sie folgen, gut entwickelt, werden auch Ihre Bestände davon betroffen sein.

Neue Gelder, die in die Fonds fließen (und sie verlassen)

Art des Fonds	2021 vom Jahresanfang an
Aktiv verwaltete Investmentfonds	(44,4 Mrd. EUR)
Passiv verwaltete Indexfonds	123,8 Milliarden
Passiv verwaltete ETFs	164,3 Milliarden
Aktiv verwaltete ETFs	17,1 Milliarden

Dennoch war es für aktiv verwaltete Investmentfonds in den letzten Jahren schwierig, ihre Benchmarks und indexbasierten Brüder zu schlagen, da die Anfang 2009 begonnene Hausse weiter anhält. Der S&P 500 Index ist seit seinem Tiefstand von 666 im März 2009 um mehr als 330 Prozent gestiegen.

Theoretisch können die Fondsmanager bei aktiv verwalteten Investmentfonds die Zusammensetzung ihrer Bestände umstrukturieren, um große Verluste zu vermeiden. Auch wenn dies nicht immer nach Plan verläuft, ist dies ein Vorteil, der sich in einem schlechten Marktumfeld positiv auswirken könnte.

Wenn sich der Markt jemals dreht - und das wird er - werden Sie Artikel lesen, in denen es heißt, dass es an der Zeit ist, zu einem aktiven Management überzugehen. Aktive Manager können Instrumente einführen, die sozusagen weniger Schmerzen verursachen.

Steuerliche Behandlung

Wenn Investmentfonds im Laufe des Jahres Anlagen verkaufen, werden alle Gewinne aus diesen Transaktionen in Form von Kapitalgewinnausschüttungen an die Anteilseigner des Fonds weitergegeben. Diese Zuwächse mögen für viele Anleger eine Überraschung sein.

Wenn sich Ihre Investmentfonds auf einem steuerpflichtigen Konto befinden, müssen Sie die Erträge in dem Jahr versteuern, in dem sie ausgeschüttet wurden. Wenn Sie Investmentfonds auf einem steuerbegünstigten Konto, einem individuellen Rentenkonto, halten, müssen Sie sich darüber keine Gedanken machen, da die Erträge aufgeschoben werden, bis Sie im Ruhestand Geld abheben.

Wenn Sie ein langfristiger Anleger sind, ist das keine große Sache. Das ist das Dilemma des kurzfristigen Anlegers.

Im Allgemeinen sind Kapitalgewinne bei börsengehandelten Fonds weniger wahrscheinlich, weil sie so konstruiert sind und so gehandelt werden.

Transparenz

Die meisten Investmentfonds veröffentlichen ihre Bestände vierteljährlich. Im Gegensatz dazu können die Anleger die Positionen eines typischen ETF jederzeit online einsehen.

Einige Experten halten diesen Unterschied jedoch für übertrieben wichtig.

Ich würde sagen, dass es nur sehr wenige Anleger gibt, die sich die Mühe machen, alle Aktien, die ihr börsengehandelter Fonds hält, jeden Tag zu überprüfen.

Welches sind die besten Aktienfonds?

Obwohl die Aktienauswahl in diesem Bereich die meiste Aufmerksamkeit auf sich zieht, sollten Sie, wenn Sie eine bessere Chance haben wollen, am Markt Geld zu verdienen, in Erwägung ziehen, Ihr Portfolio um börsengehandelte Fonds (ETFs) zu erweitern. Im Gegensatz zu Wetten auf ein einzelnes Unternehmen, das die Aufgabe erfüllt, stellen ETFs einen Korb von Anlagen dar, was Ihnen mehr Gewinnchancen bietet.

Fairerweise muss man sagen, dass börsengehandelte Fonds durch die Streuung des Risikos auf mehrere Aktien dazu neigen, sowohl Abschwünge als auch Aufschwünge abzufedern. Wenn Sie z. B. Ihr gesamtes Geld in ein bestimmtes Technologieunternehmen investieren würden und dieses seine Gewinne über Banner bekannt gibt, würden Sie wahrscheinlich einen gewaltigen Kursanstieg erleben. Ein Engagement in mehreren Technologieunternehmen, von denen einige möglicherweise keine positiven Finanzergebnisse erzielt haben, verringert jedoch Ihre Rentabilität.

Es ist jedoch äußerst schwierig, die Gewinner immer von den Verlierern zu trennen. Selbst ein Unternehmen, das sich positiv entwickelt hat, kann über Nacht ins Wanken geraten und Ihr Portfolio in Mitleidenschaft ziehen. Außerdem ist es viel einfacher, Sektoren mit hohem Ertragspotenzial auszuwählen, als herauszufinden, welche spezifische Marke sich am besten entwickeln wird. ETFs bieten Ihnen daher die Möglichkeit, kontinuierlich von Marktgewinnen zu profitieren.

Es ist wichtig zu betonen, dass Anleger alle Informationen lesen müssen, bevor sie investieren. Der Referenzindex **S&P 500 beispielsweise** ist seit Jahresbeginn um 20 % gestiegen. Dies ist zwar beeindruckend, doch gibt es berechtigte Bedenken, dass der zugrunde liegende Aufwärtstrend übertrieben ist. In diesem Fall empfehlen wir, mehr in ETFs als in Einzelaktien zu investieren, da niemand weiß, wie es weitergeht.

Und wegen dieser Ungewissheit können Sie mit Branchenfonds mehr abdecken als mit der Auswahl einzelner Titel. Hier finden Sie einige ETFs, die Sie in Ihr Portfolio aufnehmen sollten.

- **iShares Biotechnology ETF** (NASDAQ: **IBB**)

- **SPDR-Fonds für den Energiesektor ausgewählt** (NYSERCA: **XLE**)
- **SPDR S&P Retail ETF** (NYSERCA: **XRT**)
- **Vanguard Real Estate ETF** (NYSEERCA: **VNQ**)
- **US Global Jets ETF** (NYSERCA: **JETS**)
- **Amplify Transformational Data Sharing ETF** (NYSERCA: **BLOK**)
- **KraneShares Electric Vehicles and Future Mobility** (NYSEERCA: **KARS**)

Schließlich hat sich der Kauf und Verkauf von Aktien auf Marge, der in diesem Jahr ein Rekordhoch erreicht hat, im Juli dieses Jahres etwas verlangsamt. Obwohl die Kennzahl immer noch auf einem hohen Niveau liegt, deutet der Risiko-Rollback darauf hin, dass börsengehandelte Fonds eine relativ sicherere Wahl sind als Einzelaktien.

Die besten ETFs zum Kauf: iShares Biotechnology ETF (IBB)

Aufgrund der unmittelbaren Auswirkungen des neuen Coronavirus - und insbesondere der Delta-Variante - ist der iShares Biotechnology ETF sicherlich ein offensichtlicher Kandidat, den Sie in Betracht ziehen sollten, wenn Sie von diesem Katalysator profitieren möchten. In der Tat haben viele, wenn nicht sogar die meisten Analysten während dieser Pandemie einzelne Unternehmen verkauft, die Behandlungen und Impfstoffe anbieten.

Das Problem dabei ist natürlich, dass es nur wenige Gewinner geben wird, nämlich diejenigen, die als erste die Ziellinie erreichen.

Erstens hat der iShares Biotechnology einige der größten Namen im Kampf gegen Covid in seinen Top 10, darunter **Moderna** (NASDAQ: **MRNA**), **Regeneron Pharmaceuticals** (NASDAQ: **REGN**) und **BioNTech** (NASDAQ: **BNTX**). Zweitens war die IBB nicht nur in dieser Krise, sondern auch in den vergangenen Jahren immer ein Gewinner.

Potenzielle Käufer sollten jedoch auf die Kostenquote von 0,45 % achten, die nur um Haaresbreite unter dem Durchschnitt der Kategorie von 0,47 % liegt.

SPDR Fund Energy Select Sector (XLE)

Mit dem Vorstoß in Richtung erneuerbare Energien und Elektrifizierung des Verkehrs erscheinen fossile Brennstoffe vielleicht etwas zu anachronistisch. Bei allem Verständnis für das Zögern sollten die Anleger aber auch erkennen, dass der Verzicht auf fossile Brennstoffe aufgrund ihrer im Vergleich zu anderen Quellen hohen Energiedichte unglaublich schwierig ist.

Mit anderen Worten: Mit einem modernen Verbrennungsauto kann man mit Benzin etwa 30 km weit fahren. Nimmt man die gleiche Menge an Elektronen in einem Plug-in-Elektrofahrzeug, kommt man nicht annähernd auf die gleiche Reichweite. Das ist die Macht der fossilen Brennstoffe und könnte dem Energy Select Sector SPDR Fund eine überraschende Bedeutung verleihen.

Eigentlich ist das vielleicht gar nicht so überraschend. Schließlich werden wir unsere Verbrennungsfahrzeuge nicht von heute auf morgen durch sauberere Alternativen ersetzen. Dank der Einführung des Impfstoffs und einer langsamen und stetigen Annäherung an die Normalität sind die Fahrzeugkilometer seit ihrem Tiefstand im April 2020 gestiegen. Der Trend könnte sich fortsetzen, so dass XLE einer der ETFs ist, die Sie auf Ihrem Radar haben sollten.

Erwähnenswert ist auch, dass die Kostenquote 0,12 % beträgt. Dies liegt deutlich unter dem Durchschnitt der Kategorie von 0,44 %.

Beste ETFs zum Kauf: SPDR S&P Retail ETF (XRT)

Aus verschiedenen Medienberichten wissen Sie, dass sich die ganze Welt im Grunde in zwei Lager gespalten hat: die Geimpften und die Nichtgeimpften. Obwohl der Schwerpunkt weitgehend auf den gesundheitlichen Auswirkungen der Spaltung liegt, gibt es auch einen ideologischen Konflikt zwischen den beiden.

Angesichts dieser starken Stimmung lohnt es sich meiner Meinung nach, den SPDR S&P Retail ETF in Betracht zu ziehen.

Wie Sie wahrscheinlich gelesen haben, ist die Rache des Einzelhandels ein echtes Phänomen. Das heißt, dass Menschen, denen Konsummöglichkeiten vorenthalten wurden - man denke nur an den lang ersehnten Urlaub -, die verlorene Zeit nachholen werden. In Verbindung mit Konjunkturmaßnahmen und anderen staatlichen Unterstützungsmaßnahmen können einzelhandelsbezogene börsengehandelte Fonds sicherlich profitieren.

Was mir an XRT jedoch gefällt, ist, dass er an eine Mischung aus zyklischen und säkularen Unternehmen wie **Albertsons** (NYSE: **ACI**), **Carvana** (NYSE: **CVNA**) und **DoorDash** (NYSE: **DASH**) gebunden ist. Zudem liegt die Kostenquote mit 0,35% deutlich unter dem Branchendurchschnitt von 0,50%.

Vanguard Immobilien-ETF (VNQ)

Eines der umstrittensten Wirtschaftssegmente in Bezug auf die Debatte über die Entwicklung ist zweifellos der Immobiliensektor. Auf der einen Seite gibt es diejenigen, die behaupten, dass die Hauspreise aufgrund der geringen Lagerbestände und der starken Nachfrage noch weiter steigen können. Auf der anderen Seite argumentieren Kritiker, dass die Hauspreise so viel schneller steigen können, bevor sie zusammenbrechen.

Beide Seiten bringen überzeugende Argumente vor, weshalb die Wahl der einzelnen Wertpapiere zu einer binären Angelegenheit werden könnte: entweder ein Grand Slam oder eine Katastrophe. Aber mit Immobilien-ETFs können Sie sich in erheblichem Umfang engagieren und gleichzeitig Ihre Risiken begrenzen. Und wahrscheinlich ist der Vanguard Real Estate ETF Ihre beste Option.

Warum VNQ? Erstens enthält der Fonds Aktien, die indirekt mit dem Immobilienboom zu tun haben. Diejenigen, die reich genug sind, um in diesem Klima Häuser zu kaufen, könnten beispielsweise von Unternehmen wie **American Tower** (NYSE: **AMT**) und **Simon Property Group** (NYSE: **SPG**) profitieren.

Darüber hinaus profitiert VNQ vom Babyboom-Effekt, mit Unternehmen wie **Public Storage** (NYSE: **PSA**), für Boomer, und **Welltower** (NYSE: **WELL**), für Boomer, die Sie wohl nicht mehr sehen wollen.

Beste ETFs zum Kauf: US Global Jets ETF (JETS)

US Global Jets ist eine der risikoreicheren Ideen in dieser Liste von ETFs und stellt dennoch ein interessantes Angebot dar. Wie ich bereits sagte, ist die Rache des Einzelhandels ein echtes Phänomen. Die Menschen sind nicht nur der Unterdrückung nicht lebensnotwendiger Aktivitäten überdrüssig, sondern sie wollen auch unbedingt die verlorenen Erfahrungen zurückgewinnen, die sie in den Jahren 2020/21 hätten machen können.

Daher scheint die Idee, ETFs zu kaufen, die sich auf Verkehrsflugzeuge konzentrieren, trotz der öffentlichen Gesundheitskrise keine schlechte Idee zu sein. Die Identifizierung einzelner Flugzeuge scheint jedoch eine schwierige

Aufgabe zu sein. JETS kann dazu beitragen, das Rätselraten aus dem Prozess zu nehmen, indem es eine breite Palette von Unternehmen abdeckt, von großen Fluggesellschaften bis zu Billigfluglinien.

Bevor Sie jedoch einen Flug mit JETS buchen, sollten Sie sich darüber im Klaren sein, dass sich die Branche seit Anfang Juni dieses Jahres in einem Abwärtstrend befindet. Darüber hinaus hat sich die Wut in der Luft scheinbar zur neuen Normalität entwickelt, was dazu führen kann, dass Beschäftigte in dieser Branche ihre Berufswahl in Frage stellen.

Wenn Sie sich für den Kauf von JETS entscheiden, sollten Sie auch bedenken, dass die Kostenquote mit 0,60 Prozent im Vergleich zu anderen ETFs hoch ist.

Amplify Transformational Data Sharing ETF (BLOK)

Einer der beeindruckendsten Sektoren, wenn nicht sogar *der* beeindruckendste, ist ohne Zweifel der Markt für Kryptowährungen. Einmal mehr haben digitale Vermögenswerte die Aufmerksamkeit der Mainstream-Medien auf sich gezogen. Diesmal sind jedoch institutionelle Käufer auf den Plan getreten und haben weitere virtuelle Währungen auf erstaunliche Rekordstände gebracht.

Und was für Kryptowährungen gut ist, ist für Blockchain-Miner absolut genial. Da die Belohnungen für das Prägen neuer Münzen höher sind als je zuvor, konnten frühe Investoren, die sich an Mining-Betreibern beteiligten, beträchtliche Gewinne einfahren. Nun, da der Kryptowährungssektor offenbar aus seiner Pause erwacht ist, sind einige Spieler bereit, wieder anzufangen.

Allerdings handelt es sich hierbei um einen äußerst volatilen Sektor. Wenn Sie sich einen Überblick verschaffen, aber keine gute Gelegenheit verpassen wollen, sollten Sie Kryptowährungs- und Bergbau-ETFs wie den Amplify Transformational Data Sharing ETF in Betracht ziehen. Mit einer ausgewogenen Mischung aus Unternehmen wie **Square** (NYSE: **SQ**), **Coinbase** (NASDAQ: **COIN**) und **Nvidia** (NASDAQ: **NVDA**) sowie einigen risikoreicheren Blockchain-Minern können Sie potenziell gut abschneiden. Und wenn etwas schief geht, wird es Sie nicht begraben.

Allerdings muss man das Gute mit dem Schlechten verwechseln, und im Fall von BLOK ist die Kostenquote von 0,71 % sehr hoch.

Die besten ETFs zum Kauf: KraneShares Electric Vehicles and Future Mobility (KARS)

Wie mich anscheinend alle immer wieder daran erinnern, sind Elektrofahrzeuge die Zukunft. Weniger diskutiert wird jedoch die Frage, welche Marke diese Zukunft dominieren wird. Fast wie eine pawlowsche Reaktion höre ich die Leute **Tesla** (NASDAQ: **TSLA**) sagen. Man darf nicht vergessen, dass Tesla vielleicht jetzt das Tempo vorgibt, aber nicht garantiert, dass dies auch in 10 oder 20 Jahren noch der Fall sein wird.

Wenn Sie jedoch der Meinung sind, dass Elektrofahrzeuge in etwa zehn Jahren einen großen Teil der Verbrennungsfahrzeuge ersetzen werden, dann könnten Sie von personenverkehrsbezogenen ETFs wie KraneShares Electric Vehicles und Future Mobility profitieren. Angesichts des Engagements in Elektrofahrzeugherstellern wie Tesla und **Nio** (NYSE: **NIO**) sollten **sich** die Anleger nicht auf ein zukunftsorientiertes Ratespiel versteifen.

Darüber hinaus sind Sie über den KARS ETF indirekt an Halbleiterunternehmen beteiligt, die den Übergang zum Elektroauto unterstützen, wie **Analog Device** (NASDAQ: **ADI**) und **NXP Semiconductors** (NASDAQ: **NXPI**). Wer sich ernsthaft für Elektrofahrzeuge interessiert, sollte sie in sein Portfolio aufnehmen.

Aber wie bei allem, gibt es Vor- und Nachteile. Obwohl KARS über Aufwärtspotenzial verfügt, liegt seine Kostenquote von 0,70 % deutlich über dem Durchschnitt der Kategorie von 0,48 %.

Börsengehandelte Fonds (ETFs) ermöglichen es Anlegern, eine Sammlung von Aktien oder anderen Vermögenswerten in einem Fonds mit (in der Regel) niedrigen Gebühren zu kaufen, und sie werden wie Aktien an der Börse gehandelt. ETFs sind in den letzten zehn Jahren extrem populär geworden und verfügen heute über ein Vermögen in Billionenhöhe. Bei buchstäblich Tausenden von ETFs, die zur Auswahl stehen, stellt sich die Frage, wo ein Anleger anfangen soll? Und da der Aktienmarkt nach einem anfänglichen Absturz im Zuge der Coronavirus-Krise wieder stark ansteigt, welche sind die besten ETFs zum Kauf? Nachstehend finden Sie einige der besten ETFs nach Kategorien, darunter auch einige hochspezialisierte Fonds.

Die besten ETFs für 2021

- Vanguard S&P 500 ETF (VOO)
- Vanguard FTSE Developed Markets ETF (VEA)
- Vanguard Informationstechnologie-ETF (VGT)

- Vanguard Dividend Appreciation ETF (VIG)
- iShares MBS ETF (MBB)
- Vanguard Short-Term Bond ETF (BSV)
- Vanguard Total Bond Market ETF (BND)
- iShares National Muni Bond ETF (MUB)
- iShares Core Aggressive Allocation ETF (AOA)
- Aktien SPDR Gold (GLD)
- Bullischer Invesco DB US Dollar Index (UUP) Fonds
- Vanguard Immobilien-ETF (VNQ)
- Kurzfristige Futures iPath Series B S&P 500 VIX (VXX)
- ProShares UltraPro QQQ (TQQ)
- ProShares Short S&P 500 ETF (SH)

Die besten Aktien-ETFs

Aktien-ETFs bieten ein Engagement in einem Portfolio börsennotierter Aktien und können in verschiedene Kategorien unterteilt werden, je nachdem, wo die Aktie notiert ist, wie groß das Unternehmen ist, ob es eine Dividende zahlt oder in welchem Sektor es tätig ist. So können die Anleger die Art von Aktienfonds finden, in die sie investieren möchten, und nur Aktien kaufen, die bestimmte Kriterien erfüllen.

Aktien-ETFs sind tendenziell volatiler als andere Anlageformen wie CDs oder Anleihen, eignen sich aber für langfristige Anleger, die Vermögen aufbauen wollen. Einige der beliebtesten Aktien-ETF-Sektoren und ihre Renditen (Stand: 26. Juli) sind:

Die besten Marktkapitalisierungsindex-ETFs der Welt

Vanguard S&P 500 ETF (VOO)

Diese Art von ETF bietet den Anlegern ein breites Engagement in börsennotierten Unternehmen an den US-Börsen mit einem passiven Anlageansatz, der einen großen Index wie den S&P 500 oder den Nasdaq 100 nachbildet.

Wertentwicklung des Vanguard S&P 500 ETF:

- **Leistung 2020:** 18,3 Prozent
- **Historische Wertentwicklung (jährlich über 5 Jahre):** 17,6 Prozent
- **Ausgabenquote:** 0,03 Prozent

Zu den beliebtesten ETFs dieser Gruppe gehören auch der SPDR S&P 500 ETF Trust (SPY), der iShares Core S&P 500 ETF (IVV) und der Invesco QQQ Trust (QQQ).

Die besten internationalen ETFs

Vanguard FTSE Developed Markets ETF (VEA)

Diese Art von ETF kann ein gezieltes Engagement in internationalen börsennotierten Unternehmen im Allgemeinen oder in spezifischeren geografischen Regionen wie Asien, Europa oder den Schwellenländern bieten.

Wertentwicklung des Vanguard FTSE Developed Markets ETF:

- **Leistung 2020:** 9,7 Prozent
- **Historische Wertentwicklung (jährlich über 5 Jahre):** 10,9 Prozent
- **Ausgabenquote:** 0,05 Prozent

Zu den beliebtesten ETFs gehören auch iShares Core MSCI EAFE ETF (IEFA), Vanguard FTSE Emerging Markets ETF (VWO) und Vanguard Total International Stock ETF (VXUS).

ETFs der wichtigsten Sektoren

Vanguard Informationstechnologie-ETF (VGT)

Diese Art von ETF bietet Anlegern die Möglichkeit, Aktien in bestimmten Sektoren wie Rohstoffe, Energie, Finanzen, Gesundheitswesen, Technologie und anderen zu kaufen. Diese börsengehandelten Fonds sind in der Regel passiv, d. h. sie orientieren sich an einem bestimmten vordefinierten Aktienindex und folgen diesem einfach mechanisch.

Leistung der modernen Informationstechnologie der ETF:

- **Rendite 2020:** 46,0 Prozent
- **Historische Performance (jährlich über 5 Jahre):** 31,5%.
- **Ausgabenquote:** 0,10 Prozent

Zu den beliebtesten ETFs gehören auch der Financial Select Sector SPDR Fund (XLF), der Energy Select Sector SPDR Fund (XLE) und der Industrial Select Sector SPDR Fund (XLI).

Dividenden-ETFs

Vanguard Dividend Appreciation ETF (VIG)

Diese Art von ETF bietet Anlegern die Möglichkeit, nur Aktien zu kaufen, die eine Dividende zahlen. Ein Dividenden-ETF wird in der Regel passiv verwaltet, d. h. er folgt mechanisch einem Index von dividendenzahlenden Unternehmen. Diese Art von ETF ist in der Regel stabiler als ein Gesamtmarkt-ETF und kann für diejenigen attraktiv sein, die nach ertragsbringenden Anlagen suchen, z. B. für Rentner.

Die besten Dividenden-ETFs bieten in der Regel höhere Renditen und niedrigere Kosten.

Performance ETF Vanguard Dividend Appreciation:

- **Leistung 2020:** 15,4 Prozent
- **Historische Wertentwicklung (jährlich über 5 Jahre):** 15,4 Prozent
- **Ausgabenquote:** 0,06 Prozent

Zu den beliebtesten ETFs gehören hier auch der Vanguard High Dividend Yield Index ETF (VYM) und der Schwab US Dividend Equity ETF (SCHD).

Die besten Anleihen-ETFs

Ein börsengehandelter Anleihefonds bietet ein Engagement in einem Portfolio von Anleihen, die häufig nach Anleiheart, Emittent, Laufzeit und anderen Faktoren in Untersektoren unterteilt sind, so dass die Anleger genau die Art von Anleihen kaufen können, die sie wünschen. Die Anleihen werden nach einem bestimmten Zeitplan verzinst, und der ETF gibt diese Erträge an die Inhaber weiter.

Anleihen-ETFs können eine attraktive Anlage für diejenigen sein, die die Sicherheit eines regelmäßigen Einkommens benötigen, wie beispielsweise Rentner. Zu den beliebtesten Anleihe-ETF-Sektoren und ihren Renditen (Stand: 26. Juli) gehören:

Langfristige Anleihen-ETFs
iShares MBS ETF (MBB)

Diese Art von Anleihen-ETF bietet ein Engagement in Anleihen mit einer langen Laufzeit, vielleicht bis zu 30 Jahren. Langfristige Anleihen-ETFs sind stärker von Zinsänderungen betroffen; daher werden sich diese ETFs bei steigenden oder fallenden Zinsen umgekehrt zur Richtung der Zinsen bewegen. Obwohl diese börsengehandelten Fonds eine höhere Rendite als kurzfristige börsengehandelte Anleihen bieten können, sind viele der Meinung, dass die Belohnung das Risiko nicht wert ist.

Wertentwicklung des iShares MBS ETF:

- **Leistung 2020:** 4,1 Prozent
- **Historische Wertentwicklung (jährlich über 5 Jahre):** 2,2 Prozent
- **Ausgabenquote:** 0,06 Prozent

Zu den beliebtesten ETFs gehören auch iShares 20+ Year Treasury Bond ETF (TLT) und Vanguard Mortgage-Backed Securities ETF (VMBS).

Kurzfristige Anleihen-ETFs
Vanguard Short-Term Bond ETF (BSV)
Diese Art von Anleihen-ETF bietet ein Engagement in Anleihen mit einer kurzen Laufzeit, in der Regel nicht mehr als ein paar Jahre. Diese Anleihen-ETFs reagieren kaum auf Zinsänderungen, was bedeutet, dass sie relativ risikoarm sind. Diese börsengehandelten Fonds können eine attraktivere Option sein als der direkte Besitz von Anleihen, da der Fonds hoch liquide und diversifizierter ist als jede einzelne Anleihe.

Wertentwicklung des Vanguard Short-Term Bond ETF:

- **Leistung 2020:** 4,7 Prozent
- **Historische Wertentwicklung (jährlich über 5 Jahre):** 2,1 Prozent
- **Ausgabenquote:** 0,05 Prozent

Zu den beliebtesten ETFs in dieser Kategorie gehören auch iShares 1-3 Year Treasury Bond ETF (SHY) und Vanguard Short-Term Treasury ETF (VGSH).

Anleihenmarkt-ETFs insgesamt
Vanguard Total Bond Market ETF (BND)
Diese Art von Anleihe-ETF bietet Anlegern ein Engagement in einer breiten Auswahl von Anleihen, die nach Art, Emittent, Laufzeit und Region diversifiziert sind. Ein ETF auf den gesamten Anleihemarkt bietet eine Möglichkeit, ein breites Engagement in Anleihen zu erlangen, ohne sich zu stark auf eine Richtung zu konzentrieren, und ist somit eine Möglichkeit, ein aktienlastiges Portfolio zu diversifizieren.

Wertentwicklung des Vanguard Total Bond Market ETF:

- **Leistung 2020:** 7,7 Prozent
- **Historische Wertentwicklung (jährlich über 5 Jahre):** 3,0 Prozent
- **Ausgabenquote:** 0,035 Prozent

Zu den beliebtesten ETFs gehören auch iShares Core US Aggregate Bond ETF (AGG) und Vanguard Total International Bond ETF (BNDX).

Kommunale Anleihen-ETFs
iShares National Muni Bond ETF (MUB)

Diese Art von Anleihen-ETF bietet ein Engagement in Anleihen, die von Staaten und Städten ausgegeben werden, und die Zinsen auf diese Anleihen sind im Allgemeinen steuerfrei, auch wenn sie niedriger sind als die von anderen Emittenten gezahlten. Kommunalobligationen gehören traditionell zu den sichersten Bereichen des Anleihenmarktes. Wenn Sie allerdings Kommunalobligationen aus anderen Bundesstaaten in einem Fonds besitzen, verlieren Sie die Steuervorteile in Ihrem Heimatstaat, auch wenn dies nicht auf Bundesebene der Fall ist. In Anbetracht der Steuervorteile ist es vorteilhaft, einen ETF für Kommunalobligationen in Betracht zu ziehen, der in Ihrem Heimatstaat investiert.

Wertentwicklung des iShares National Muni Bond ETF:

- **Leistung 2020:** 5,1 Prozent
- **Historische Wertentwicklung (jährlich über 5 Jahre):** 2,9 Prozent
- **Ausgabenquote:** 0,07 Prozent

Zu den beliebtesten ETFs gehören auch der Vanguard Tax-Exempt Bond ETF (VTEB) und der iShares Short-Term National Muni Bond ETF (SUB).

Die besten ausgewogenen ETFs
iShares Core Aggressive Allocation ETF (AOA)

Ein gemischter ETF hält sowohl Aktien als auch Anleihen und strebt ein gewisses Engagement in Aktien an, was sich oft in seinem Namen widerspiegelt. Diese Fonds ermöglichen es den Anlegern, die langfristigen Renditen von Aktien zu erzielen und gleichzeitig einen Teil des Risikos von Anleihen zu reduzieren, die tendenziell stabiler sind. Ein ausgewogener ETF eignet sich eher für langfristig orientierte Anleger, die vielleicht etwas konservativer sind, aber ein Wachstum in ihrem Portfolio benötigen.

Wertentwicklung des iShares Core Aggressive Allocation ETF:

- **Leistung 2020:** 12,8 Prozent
- **Historische Wertentwicklung (jährlich über 5 Jahre):** 12,1 Prozent
- **Ausgabenquote:** 0,25 Prozent

Zu den beliebtesten ausgewogenen ETFs gehören auch iShares Core Growth Allocation ETF (AOR) und iShares Core Moderate Allocation ETF (AOM).

Die besten Rohstoff-ETFs
Aktien SPDR Gold (GLD)

Ein Rohstoff-ETF bietet Anlegern die Möglichkeit, bestimmte Rohstoffe, darunter Agrarrohstoffe, Öl, Edelmetalle und andere, zu besitzen, ohne an den Terminmärkten handeln zu müssen. Der ETF kann den Rohstoff direkt oder über Terminkontrakte besitzen. Rohstoffe sind in der Regel recht volatil und daher nicht für alle Anleger geeignet. Diese börsengehandelten Fonds können fortgeschrittenen Anlegern jedoch die Möglichkeit bieten, ihre Bestände zu diversifizieren, das Engagement in einem bestimmten Rohstoff in anderen Anlagen abzusichern oder eine Richtungswette auf den Preis eines bestimmten Rohstoffs abzuschließen. Die am besten abschneidenden Gold-ETFs bieten in der Regel eine sehr effektive Portfoliodiversifizierung durch die Beimischung von defensiven Value-Aktien.

Wertentwicklung des SPDR Gold Shares ETF:

- **Leistung 2020:** 24,8 Prozent
- **Historische Wertentwicklung (jährlich über 5 Jahre):** 5,5 Prozent
- **Ausgabenquote:** 0,40 Prozent

Zu den beliebtesten Rohstoff-ETFs gehören auch iShares Silver Trust (SLV), United States Oil Fund LP (USO) und Invesco DB Agriculture Fund (DBA).

Wichtige Währungs-ETFs
Bullischer Invesco DB US Dollar Index (UUP) Fonds

Ein börsengehandelter Währungsfonds bietet Anlegern ein Engagement in einer bestimmten Währung, indem sie einfach einen börsengehandelten Fonds kaufen, anstatt auf die Devisenmärkte zuzugreifen. Anleger können auf einige der weltweit am meisten gehandelten Währungen zugreifen, darunter den US-Dollar, den Euro, das britische Pfund, den Schweizer Franken, den japanischen Yen und andere. Diese ETFs eignen sich am besten für fortgeschrittene Anleger, die nach einer Möglichkeit suchen, das Engagement in einer bestimmten Währung in ihren anderen Anlagen abzusichern oder einfach eine Richtungswette auf den Wert einer Währung abzuschließen.

Bullische Entwicklung des Invesco DB US Dollar Index Fund:

- **Leistung 2020:** -6,6 Prozent
- **Historische Wertentwicklung (jährlich über 5 Jahre):** 0,6 Prozent
- **Ausgabenquote:** 0,76 Prozent

Zu den beliebtesten Währungs-ETFs gehören auch Invesco CurrencyShares Euro Trust (FXE) und Invesco CurrencyShares Swiss Franc Trust (FXF).

Die besten Immobilien-ETFs (ETF REITs)
Vanguard Immobilien-ETF (VNQ)

Immobilien-ETFs konzentrieren sich in der Regel auf den Besitz von Wertpapieren, die als REITs oder Real Estate Investment Trusts klassifiziert sind. REITs sind eine kostengünstige Möglichkeit, sich an Unternehmen zu beteiligen, die Immobilien besitzen und verwalten, und REITs sind in vielen Marktsegmenten tätig, darunter Wohn-, Gewerbe- und Industrieimmobilien, Hotels, Mobilfunktürme, medizinische Gebäude und vieles mehr. REITs zahlen in der Regel hohe Dividenden, die dann an die ETF-Inhaber weitergegeben werden. Aufgrund dieser Zahlungen sind REITs und REIT-ETFs bei Einkommensbedürftigen, insbesondere bei Rentnern, besonders beliebt. Die besten REIT-ETFs maximieren die Dividendenrendite, denn Dividenden sind der Hauptgrund für eine Investition in diese Fonds.

Wertentwicklung des Vanguard-Immobilien-ETF:

- **Leistung 2020:** -4,6 Prozent
- **Historische Wertentwicklung (jährlich über 5 Jahre):** 7,1 Prozent

- **Ausgabenquote:** 0,12 Prozent

Zu den beliebtesten Immobilien-ETFs gehören auch iShare US Real Estate ETF (IYR) und Schwab US REIT ETF (SCHH).

Die besten Volatilitäts-ETFs

Kurzfristige Futures iPath Series B S&P 500 VIX (VXX)

ETFs ermöglichen es den Anlegern sogar, auf die Volatilität des Aktienmarktes zu setzen, und zwar durch so genannte Volatilitäts-ETFs. Die Volatilität wird durch den CBOE-Volatilitätsindex gemessen, der gemeinhin als VIX bekannt ist. Die Volatilität steigt in der Regel an, wenn der Markt rückläufig ist und die Anleger sich unwohl fühlen. Daher kann ein Volatilitäts-ETF eine Möglichkeit sein, Ihre Investition in den Markt abzusichern und sie zu schützen. Aufgrund ihrer Struktur eignen sie sich besser für Händler, die auf kurzfristige Marktbewegungen setzen, und nicht für langfristige Anleger, die von einem Anstieg der Volatilität profitieren wollen.

Wertentwicklung der kurzfristigen Futures iPath Series B S&P 500 VIX:

- **Leistung 2020:** 11,0 Prozent
- **Historische Performance (jährlich über 3 Jahre):** -41,0 Prozent
- **Ausgabensatz:** 0,89 Prozent

Zu den beliebtesten Volatilitäts-ETFs gehören auch der ProShares VIX Mid-Term Futures ETF (VIXM) und der ProShares VIX Short-Term Futures ETF (SVXY).

Die besten gehebelten ETFs

ProShares UltraPro QQQ (TQQ)

Ein gehebelter börsengehandelter Fonds steigt schneller im Wert als der Index, den er abbildet, und ein gehebelter börsengehandelter Fonds kann einen Gewinn anstreben, der zwei- oder sogar dreimal so hoch ist wie die tägliche Rendite seines Index. So würde beispielsweise ein dreifach gehebelter ETF auf den S&P 500 an einem Tag, an dem der Index um 1 % steigt, um 3 % zulegen. Ein doppelt gehebelter ETF würde eine doppelte Rendite anstreben. Aufgrund ihrer Struktur eignen sich ETFs mit Hebelwirkung eher für Händler, die kurzfristige Renditen auf den Zielindex innerhalb weniger Tage anstreben, als für langfristige Anleger.

Wertentwicklung des ProShares UltraPro QQQ ETF:

- **Leistung 2020:** 110 Prozent
- **Historische Wertentwicklung (jährlich über 5 Jahre):** 72,5 Prozent
- **Ausgabenquote:** 0,95 Prozent

Zu den beliebtesten gehebelten ETFs gehören auch ProShares Ultra QQQ (QLD), Direxion Daily Semiconductor Bull 3x Shares (SOXL) und ProShares Ultra S&P 500 (SSO).

Die besten inversen ETFs

ProShares Short S&P 500 ETF (SH)

Inverse ETFs gewinnen an Wert, wenn der Markt fällt, und ermöglichen es den Anlegern, einen Fonds zu kaufen, der einen bestimmten Index wie den S&P 500 oder den Nasdaq 100 invers nachbildet. Diese börsengehandelten Fonds können genau die umgekehrte Wertentwicklung des Index anstreben, oder sie können versuchen, die zwei- oder dreifache Wertentwicklung zu bieten, wie ein gehebelter börsengehandelter Fonds. Wenn beispielsweise der S&P 500 an einem Tag um 2 % fällt, sollte ein Triple Inverse an diesem Tag um etwa 6 % steigen. Aufgrund ihrer Struktur sind inverse ETFs besser für Händler geeignet, die von kurzfristigen Rückgängen eines Index profitieren wollen.

Wertentwicklung des ProShares Short S&P 500 ETF:

- **Leistung 2020:** -25,1 Prozent
- **Historische Performance (jährlich über 5 Jahre):** -16,8 Prozent
- **Ausgabenquote:** 0,90 Prozent

Zu den beliebtesten inversen ETFs gehören auch ProShares UltraPro Short QQQ (SQQ) und ProShares UltraShort S&P 500 (SDS).

Wie ETFs funktionieren

Ein börsengehandelter Fonds ist ein Investmentfonds, der an einer Börse gehandelt wird. ETFs können Positionen in vielen verschiedenen Vermögenswerten halten, darunter Aktien, Anleihen und manchmal auch Rohstoffe.

ETFs bilden meist einen bestimmten Index nach, z. B. den Standard & Poor's 500 oder den Nasdaq 100, d. h. sie halten Positionen in den Indexunternehmen mit der gleichen relativen Gewichtung im Index.

Mit dem Kauf eines ETF-Anteils erwirbt ein Anleger also effektiv einen (kleinen) Anteil an allen im Fonds gehaltenen Vermögenswerten.

ETFs sind häufig auf eine bestimmte Gruppe von Aktien ausgerichtet. Ein S&P 500-Indexfonds ist eines der beliebtesten Themen, aber zu den Themen gehören auch Value- oder Growth-Aktien, Dividendenwerte, länderspezifische Anlagen, bahnbrechende Technologien, bestimmte Sektoren wie Informationstechnologie oder Gesundheitswesen, verschiedene Anleihelaufzeiten (kurz, mittel und lang) und viele andere.

Die Rendite des ETFs hängt von den Anlagen ab, die er hält. Wenn sich die Anlagen gut entwickeln, steigt der Kurs des ETF. Wenn sich die Anlagen schlecht entwickeln, sinkt der Preis des ETF.

Für die Verwaltung eines ETF erhebt die Fondsgesellschaft eine Gebühr, die so genannte Kostenquote. Die Kostenquote ist der jährliche Prozentsatz Ihrer Gesamtinvestition in den Fonds. Ein ETF könnte beispielsweise eine Gebühr von 0,12 Prozent erheben. Das bedeutet, dass ein Anleger jährlich 12 € für jede 10.000 €, die er in den Fonds investiert, zahlt. Kostengünstige ETFs sind bei Anlegern sehr beliebt.

Wie viel kosten sie?

Börsengehandelte Fonds (ETFs) sind ähnlich wie Investmentfonds, nur dass sie wie Aktien innerhalb eines Tages gehandelt werden. Obwohl börsengehandelte Fonds relativ billig sein können, sind Investitionen in sie mit einigen Kosten verbunden.

Am offensichtlichsten ist die **Betriebskostenquote (OER)**, die während des Besitzes des ETF anfällt. Aber auch die **Handelskosten** spielen eine wichtige Rolle: **Provisionen** (falls zutreffend), **Geld-/Briefspannen** und Veränderungen bei den **Ab- und Aufschlägen** gegenüber dem Nettoinventarwert (NIW) eines ETFs wirken sich auf die Gesamtkosten des Eigentums aus.

Betriebliche Aufwendungen

ETFs sind bei den Anlegern aus einer Vielzahl von Gründen beliebt, aber die niedrigeren Betriebskosten sind für die Anleger oft attraktiver. Die meisten ETFs haben besonders niedrige Kosten im Vergleich zu aktiv verwalteten Investmentfonds und in geringerem Maße zu passiv verwalteten Indexfonds.

Die Kosten von ETFs werden in der Regel in Form der **Betriebskostenquote** (OER) eines Fonds angegeben. Die Kostenquote ist ein jährlicher Satz, den der Fonds (nicht Ihr Broker) auf das gesamte von ihm gehaltene Vermögen erhebt, um das Portfoliomanagement, die Verwaltung und andere Kosten zu bezahlen.

Als laufender Aufwand ist OER für alle Anleger relevant, insbesondere aber für langfristig orientierte "Buy-and-hold"-Investoren.

Bei der Wahl zwischen zwei oder mehreren ETFs, die denselben Marktindex (oder ähnliche Indizes) abbilden, sollten Sie neben anderen Faktoren auch die Kostenquoten vergleichen. Mehrere ETF-Emittenten haben kürzlich niedrigere OER-Versionen ihrer beliebtesten Fonds aufgelegt.

Kosten der Kommission

Im Gegensatz zu anderen Anlagen können viele Anleger ETFs online ohne Provisionen handeln. Daher sind die **Provisionskosten** nicht mehr so wichtig wie in der Vergangenheit. Dennoch empfehlen wir Ihnen, sich bei Ihrem Broker nach den Provisionskosten zu erkundigen, die zwischen 0 € und 25 €

oder mehr liegen können (die Provisionen sind oft höher, wenn Sie persönlich oder per Telefon handeln).

Wenn Sie für den Handel mit börsengehandelten Fonds Provisionen zahlen, sollten Sie diese beiden Punkte beachten:

- Je häufiger Sie handeln, desto höher ist die Gesamtprovision, die Sie zahlen.
- Da es sich bei den Provisionen in der Regel um eine feste Gebühr handelt, sind die prozentualen Kosten pro Transaktion unabhängig von der Größe der Transaktion höher und bei größeren Transaktionen niedriger. Beispielsweise entspricht eine Provision von 5 € für eine Transaktion von 500 € einer ziemlich hohen Provision von 1 %, während die gleiche Provision für eine Transaktion von 5.000 € eine Provision von 0,1 % darstellt.

Geld-/Briefspanne

Während Provisionen und Kostenquoten überschaubar sind, übersehen ETF-Anleger oft eine dritte Kostenart: die **Geld-Brief-Spanne.**

Die Nachfrage ist der Marktpreis, zu dem ein ETF gekauft werden kann, und das Angebot ist der Marktpreis, zu dem derselbe ETF verkauft werden kann. Die Differenz zwischen diesen beiden Kursen wird gemeinhin als Geld-/Briefspanne bezeichnet.

Sie können sich die Geld-Brief-Spanne als Transaktionskosten vorstellen, die mit den Provisionen vergleichbar sind, mit dem Unterschied, dass die Spanne im Marktpreis enthalten ist und bei jedem Kauf und Verkauf bezahlt wird. Je höher der Spread und je häufiger Sie handeln, desto wichtiger werden diese Kosten.

Zu den drei Hauptfaktoren, die die Geld-Brief-Spannen beeinflussen, gehören:

- Die Ausweitung des Wettbewerbs zwischen den Marktmachern
- Die Liquidität der Basiswerte des ETFs
- Kosten für die Bestandsverwaltung der Market Maker

Vergleich

Vergleichen wir die Kosten für zwei hypothetische ETFs bei einem Kauf von 10.000 €.

Kosten	ETF A	ETF B
Kommission (nur Online-Transaktionen)	$ 0	$ 0
Ausgabenquote	0,20% (€ 20)	0,15% (€ 15)
Unterschied zwischen Angebot und Nachfrage	0,004% (€ 0,40)	0,11% (€ 11)
Gesamtkosten (Kosten für Hin- und Rückflug nach einem Jahr)	0,204% (€ 20,40)	0,26% (€26)

Auf den ersten Blick sieht es so aus, als ob ETF B aufgrund seiner niedrigeren Kostenquote günstiger ist.

Bei näherer Betrachtung der Geld-Brief-Spannen stellt man jedoch fest, dass ETF B eine viel größere Spanne aufweist als ETF A. Dies zeigt Ihnen, dass Sie bei einem Round-Trip-Handel aufgrund der Spread-Differenz voraussichtlich mehr von Ihrer Investition in ETF B als in ETF A verlieren werden.

Trotz der höheren Kostenquote scheint ETF A niedrigere Kosten zu haben, wenn man annimmt, dass man jeden ETF ein Jahr lang hält, keine Gebühren zahlt und alle anderen Kosten konstant bleiben.

Darüber hinaus deutet der Spread von 0,004 % bei ETF A darauf hin, dass er wahrscheinlich ein höheres Handelsvolumen als ETF B aufweist, was ETF A auch aus Liquiditätsgründen vorteilhaft machen könnte.

Ermäßigungen und Preise beim NAV

Die letzten (und vielleicht am wenigsten verstandenen) *potenziellen* Kosten ergeben sich aus den Veränderungen der Ab- und Aufschläge zum NIW während des Zeitraums, in dem Sie einen ETF halten. Diese potenziellen Kosten unterscheiden sich von den anderen, da sie sich positiv auf die Gesamtrendite auswirken können, d. h. sie können die Rendite erhöhen, anstatt sie zu verringern.

Ein börsengehandelter Fonds wird mit einem **Aufschlag gehandelt**, wenn sein Marktpreis höher ist als sein Nettoinventarwert: Kurz gesagt, Sie zahlen etwas mehr für den börsengehandelten Fonds, als seine Bestände tatsächlich wert sind. Ein börsengehandelter Fonds wird mit einem **Abschlag gehandelt**, wenn sein Marktpreis unter seinem Nettoinventarwert liegt, d. h., Sie kaufen den börsengehandelten Fonds für weniger als den Wert seiner Bestände.

Stellen Sie sich beispielsweise einen börsengehandelten Fonds vor, der auf dem Markt zu 30 € pro Anteil gehandelt wird. Wenn die einzelnen Anteile des börsengehandelten Fonds nur 29,90 € pro Anteil des Fonds wert sind, wird der börsengehandelte Fonds mit einem Aufschlag von 0,33 % gehandelt. Umgekehrt wird der ETF mit einem Abschlag von 0,83 % gehandelt, wenn die von ihm gehaltenen Aktien 30,25 € pro Fondsanteil wert sind.

Im Allgemeinen weisen die meisten ETFs geringe Ab- und Aufschläge auf. Wenn es zu erheblichen Kursunterschieden bei ETFs kommt, helfen große institutionelle Anleger (so genannte zugelassene Teilnehmer) dem Markt in der Regel, sich selbst zu korrigieren, indem sie versuchen, von Arbitragegeschäften zu profitieren, die dazu dienen, den Marktpreis eines ETFs und den Nettoinventarwert besser aufeinander abzustimmen.

Zur Veranschaulichung dieses Punktes nehmen wir an, dass ein börsengehandelter Fonds mit einem Aufschlag von 1 % auf den NIW gehandelt wird. Ein zugelassener Teilnehmer könnte versuchen, diese Prämie zu erwerben, indem er gleichzeitig einen Korb von Basiswerten kauft, die von dem börsengehandelten Fonds nachgebildet werden, den Wertpapierkorb gegen Anteile des börsengehandelten Fonds tauscht und die Anteile auf dem freien Markt verkauft.

Dieser Prozess des Umtauschs von Wertpapierkörben in einen Index gegen ETF-Anteile wird als **Natural Creation/Redemption-Mechanismus** bezeichnet, **weshalb** sich Auf- und Abschläge bei ETFs im Allgemeinen selbst korrigieren.

Abweichungen vom NAV schaffen Gewinnchancen für autorisierte Teilnehmer. Bei der Durchführung von Arbitrage-Transaktionen tragen sie dazu bei, den Marktpreis des ETFs besser an seinen NIW anzupassen.

Wenn ein börsengehandelter Fonds mit einem Aufschlag gehandelt wird, erhöhen beispielsweise zugelassene Teilnehmer, die neu geschaffene ETF-Anteile verkaufen, das Angebot auf dem Markt, was dazu beiträgt, den Preis des börsengehandelten Fonds näher an seinen Nettoinventarwert zu senken.

Wenn die Wertpapiere, aus denen sich der von einem börsengehandelten Fonds nachgebildete Index zusammensetzt, leicht bepreist werden können, weil viele Kauf- und Verkaufsaufträge an einer zentralen Börse platziert werden, ist die "Erstellung" eines Wertpapierkorbs zur Nachbildung des Index relativ einfach.

Folglich weisen börsengehandelte Fonds, die stark gehandelte und hochliquide Märkte abbilden, wie z. B. US-amerikanische und europäische Aktien, in der Regel nur geringe Auf- oder Abschläge auf. Ein gutes Beispiel hierfür ist ein börsengehandelter Fonds, der den S&P 500 abbildet und dessen Marktpreis nicht mehr als etwa 0,20 Prozent von seinem NIW abweichen darf.

Bei börsengehandelten Fonds, die weniger liquide Märkte wie Hochzinsanleihen, Rohstoffe oder Schwellenländer abbilden, kann es jedoch zu Abweichungen von 1 Prozent oder mehr kommen, was in der Regel auf einen Mangel an Liquidität, manchmal aber auch auf komplexere Faktoren zurückzuführen ist.

Sie können herausfinden, ob ein börsengehandelter Fonds mit einem Auf- oder Abschlag gehandelt wird, indem Sie seine Wertentwicklung anhand von ETF-Kursen überprüfen, wo Sie den Auf- oder Abschlag als Prozentsatz des Nettoinventarwerts des Vortages finden.

Denken Sie daran, dass die *Veränderung des* Rabatts oder der Prämie das Wichtigste ist. Außerdem sind diese Änderungen nicht unbedingt immer eine Bremse für die Leistung: Die Wirkung kann positiv oder negativ sein, je nachdem, wie Sie den Abschlag oder die Prämie zwischen einem Kauf und dem nächsten Verkauf verschieben.

Wenn beispielsweise ein internationaler Anleihen-ETF mit einem relativ konstanten Aufschlag von 0,6 Prozent auf den Nettoinventarwert gehandelt wird und Sie den ETF mit demselben Aufschlag kaufen und verkaufen, hat dies keine Auswirkungen auf Ihre Rendite.

Das Risiko besteht darin, dass diese Prämie im Laufe der Zeit, in der Sie sie besitzen, erodiert oder sogar zu einem Rabatt wird. Wenn Sie in unserem Beispiel den börsengehandelten Fonds kaufen, während er mit einem Aufschlag von 0,6 % gehandelt wird, und ihn verkaufen, während er mit einem Abschlag von 0,4 % gehandelt wird, würde Sie die Veränderung während der Hin- und Rückreise 1 % kosten.

Auch wenn die Realisierung kleiner Gewinne oder Verluste aufgrund potenzieller Schwankungen bei den Ab- und Aufschlägen in vielen Fällen akzeptabel und bei einigen ETFs vielleicht sogar unvermeidbar sein mag, geht es vor allem darum, sich der damit verbundenen Risiken bewusst zu sein und beim Handel mit ETFs, die im Verhältnis zum NIW übermäßig hohe oder schwankende Ab- und Aufschläge aufweisen können, ein Ziel zu verfolgen.

Anleger sollten sich auch darüber im Klaren sein, dass einige Anlageprodukte (wie börsengehandelte Schuldverschreibungen (ETNs) und geschlossene Fonds) wie Aktien und börsengehandelte Fonds innerhalb eines Tages gehandelt werden. Da diese Produkte jedoch nicht über das vollständige Sacheinlage- und Rücknahmeverfahren verfügen, das bei börsengehandelten Fonds zum Einsatz kommt, können Abschläge und Aufschläge problematischer sein.

Portfoliostrategie: langfristiger vs. aktiver Handel

Ihre Portfoliostrategie hat einen großen Einfluss auf die Nettoauswirkungen von Provisionen, Betriebskosten, Geld-/Briefspannen und potenziellen Änderungen der Auf- und Abschläge auf den NIW.

In der nachstehenden Tabelle schätzen wir die hypothetischen Kosten für einen langfristigen "Buy-and-hold"-Investor und einen aktiven Investor, die beide in denselben ETF investieren.

Geschätzte Gesamtkosten der ETF für ein Jahr

Beschreibung der Kosten und Annahmen	Langfristiger Investor, Kaufen und Halten	Aktiver Investor
Durchschnittliche Transaktionen pro Jahr (10.000 € pro Transaktion)	2 (1 Hinfahrt und Rückfahrt)	60 (30 Rückgabe)
Gebühren (nur Online-Transaktionen)	€ 0	€ 0
Geld-/Briefspanne (durchschnittliche Rendite von 0,15 Prozent)	€15	€ 450
Betriebskosten (0,18% pro Jahr bei einem Saldo von 10.000 €)	18 € (ETF an jedem Tag des Jahres)	9 € (ETF wird für die Hälfte der Tage des Jahres einbehalten)
Änderungen der Rabatte/Prämien	€ 0	€ 0
Insgesamt	€ 33	€459

Je mehr Sie handeln, desto wichtiger werden die Provisionen und die Geld-/Briefspannen, da Sie bei jedem Hin- und Rückweg dafür bezahlen. Andererseits wird die Kostenquote umso wichtiger, je länger Sie eine Position in einem börsengehandelten Fonds halten, da es sich dabei um eine wiederkehrende Verwaltungsgebühr handelt, die an den Fonds gezahlt wird, solange Sie den ETF besitzen.

Ab- und Aufschläge auf den Nettoinventarwert können die Performance beeinträchtigen oder steigern, je nachdem, wie sie sich während des Zeitraums entwickeln, in dem Sie den ETF halten.

Abschließend sollten Anleger bedenken, dass sich die Gesamtbetriebskosten eines ETF aus den Betriebskosten und den Handelskosten zusammensetzen. Ihre Anlagestrategie und die spezifischen ETFs, die Sie für Ihr Portfolio auswählen, können einen großen Unterschied bei den Gesamtkosten ausmachen.

Die Standardgebühr von 0 € gilt nicht für Geschäfte, die direkt an einer ausländischen Börse, an einem kanadischen oder US-amerikanischen Markt getätigt werden, für gebührenpflichtige Investmentfonds, Futures oder festverzinsliche Anlagen. Bei Optionsgeschäften wird die Standardgebühr von 0,65 € pro Kontrakt erhoben. Für Geschäfte, die über einen Makler (25 €) oder über ein automatisches Telefon (5 €) ausgeführt werden, fallen Servicegebühren an. Provisionen für den Umtauschprozess, ADR und die Aktienleihe fallen weiterhin an.

Kleinanleger, große Institutionen und die Unternehmen, die sie bedienen, können nicht genug von börsengehandelten Fonds (ETFs) bekommen. Diese Wertpapiere kombinieren die Vielfalt eines Investmentfonds mit der Flexibilität und der minütlichen (oder eigentlich sekündlichen) Preisbildung einer Aktie.

Ein ETF bezieht sich auf eine Liste von Wertpapieren und sein Wert spiegelt den Wert der von ihm gehaltenen Wertpapiere wider. Obwohl diese Konfiguration der eines Investmentfonds ähnelt, bieten ETFs eine einzigartige Vielfalt und Benutzerfreundlichkeit für individuelle und institutionelle Anleger. Und sie sind in den meisten Fällen billiger.

Ein börsengehandelter Fonds ist eine Sammlung von Dutzenden oder sogar Hunderten von Wertpapieren wie Aktien oder Anleihen, die dem Anleger mit wenigen Mausklicks Zugang zu mehreren Märkten verschaffen. Obwohl dies ähnlich wie bei einem Investmentfonds klingt, besteht ein großer Unterschied darin, dass ETFs an der Börse gehandelt werden, während Investmentfonds einmal am Tag nach Börsenschluss gehandelt werden.

Im Dezember 2020 waren über 6 Billionen Euro an Vermögenswerten in ETFs und verwandten Produkten angelegt, wobei im vergangenen Jahr über 500 Milliarden Euro an neuen Geldern in diese investiert wurden. Einige der größten börsengehandelten Fonds spiegeln, ähnlich wie Indexfonds, breite Teile des Gesamtmarktes wider.

ETFs können das Urteil von Portfoliomanagern oder die Formeln widerspiegeln, die Investmentgesellschaften entwickeln, um Aktien oder andere Vermögenswerte mit bestimmten Eigenschaften auszuwählen, die in einem Portfolio sinnvoll sind. Es gibt auch Rohstoff-ETFs und gehebelte ETFs, die Gewinne oder Verluste verstärken können.

Wenn es darum geht, einen ETF mit einem anderen zu vergleichen oder ETFs mit anderen vergleichbaren Anlagen zu vergleichen, ist es immer eine gute Idee, eine Vorstellung von den Gebühren des ETF zu haben.

Um es noch einmal zusammenzufassen:
Wie werden die ETF-Gebühren berechnet?

Bei der Berechnung der Kosten für den Besitz eines börsengehandelten Fonds muss ein Anleger nicht nur die Verwaltungsgebühren und Kostenquoten berücksichtigen, sondern auch die mit dem ETF-Handel verbundenen Gebühren, wie z. B. die Maklerprovisionen. Da sie in der Regel passiv verwaltet werden und sich auf Marktindizes stützen, haben ETFs im Vergleich zu Investmentfonds tendenziell niedrige Gesamtgebühren.

ETF-Verwaltungsgebühren

ETFs sind mit Verwaltungsgebühren verbunden, die in der Regel die technische und intellektuelle Arbeit abdecken, die mit der Auswahl und Verwaltung der Ressourcen eines ETFs verbunden ist.

Wenn Sie sich die Gebühren eines bestimmten börsengehandelten Fonds ansehen, werden sie als Prozentsatz des täglichen Vermögens des Fonds angegeben. Ein Vorteil vieler börsengehandelter Fonds, der sich in ihren niedrigen Verwaltungsgebühren widerspiegelt, ist das Fehlen des so genannten "Managementrisikos", d. h. der potenziellen Verluste, die entstehen können, wenn eine Schlüsselperson oder eine Gruppe von Personen nicht mehr an dem jeweiligen Fonds beteiligt ist.

Die ETF-Kostenquote

Der Gesamtbetrag der Gebühren für einen ETF wird als Kostenquote oder ETF-Kostenquote bezeichnet. ETFs haben im Allgemeinen eine Kostenquote zwischen 0,05 % und etwa 1 %.

Ein Anleger kann die Kostenquote ermitteln, indem er die jährlichen Anlagekosten durch den Gesamtwert des Fonds dividiert, wobei die Kostenquote im Allgemeinen auch auf der Website des Fonds zu finden ist. Die Kenntnis der Kostenquote hilft dem Anleger, genau zu verstehen, wie viel Geld er jedes Jahr für die Investition in einen ETF ausgeben muss.

Wenn ein Anleger beispielsweise 1.000 Euro in einen ETF mit einer Kostenquote von 0,2 Prozent investiert, zahlt er jedes Jahr 20 Euro an Provisionen.

ETF-Gebühren

Ein Vorteil von börsengehandelten Fonds ist, dass Sie sie wie jeden anderen Vermögenswert, den Sie an der Börse kaufen oder verkaufen, handeln können,

z. B. Aktien oder Anleihen. Aber wie bei solchen Vermögenswerten kann den Anlegern beim Kauf und Verkauf von ETFs eine Provision berechnet werden.

Einige Broker berechnen keine Provisionen mehr oder bieten speziell provisionsfreie ETFs an. Die Verfügbarkeit dieser Fonds hängt jedoch sowohl vom "Sponsor" der börsengehandelten Fonds als auch von der Maklerfirma oder Plattform ab, die für den Kauf und Verkauf der Fonds genutzt wird.

Wie werden die ETF-Gebühren abgezogen?

Die ETF-Gebühren werden als Prozentsatz des Nettoinventarwerts des ETFs im Jahresdurchschnitt berechnet. Diese ETF-Gebühren werden nicht direkt gezahlt: Es wird kein Scheck an den ETF-Sponsor zur Zahlung der Verwaltungsgebühren ausgestellt. Stattdessen werden sie vom Nettoinventarwert des Fonds selbst abgezogen, und zwar direkt von den Erträgen, die sonst an den Anleger gehen würden.

Die SEC gibt ein Beispiel dafür, wie wichtig Gebühren sind: "Wenn ein Anleger 10.000 € in einen Fonds investiert, der eine jährliche Rendite von 5 % vor Kosten erwirtschaftet und jährliche Betriebskosten von 1,5 % hat, könnte der Anleger nach 20 Jahren etwa 19.612 € haben. Hätte der Fonds jedoch nur Kosten von 0,5 %, würde der Anleger am Ende 24.002 € haben, eine Differenz von 23 %.

ETF- und Investmentfondsgebühren

Ein Provisionsvorteil, den ETFs gegenüber Investmentfonds haben, besteht darin, dass bei ETFs keine Ausgabeaufschläge erhoben werden. Dies ist eine Ausgabe, die mit dem Verkauf von Investmentfonds verbunden ist und die Makler dazu veranlasst, den einen Fonds dem anderen vorzuziehen.

Im Allgemeinen sind sowohl die Gebühren für ETFs als auch für Investmentfonds in den letzten Jahren zurückgegangen, da die Anleger zu passiveren Strategien übergehen und die Anbieter von Investmentfonds um die kostengünstigsten Anlagen konkurrieren.

Allerdings gibt es auch Ausnahmen: ETFs sind in der Regel passiver und haben daher einen geringeren Fondsanteil. Außerdem entfallen bei ihnen einige der Vertriebskosten, die bei Investmentfonds anfallen, und deren intensiver Marketingapparat.

Wenn sich ein ETF an einem Index orientiert, können Käufer den Fonds eines Anbieters leicht mit einem anderen vergleichen und denjenigen mit der niedrigsten Provision auswählen. Dieses Verfahren kann die Gebühren und Verwaltungskosten senken, da die Anbieter um das Geschäft konkurrieren.

Der Mitnahmeeffekt

Die Gebühren für ETFs können im Vergleich zu Investmentfonds relativ niedrig sein, aber wie bei jeder anderen Investition ist es gut, die möglichen Kosten im Voraus zu kennen. Die Kenntnis der ETF-Kostenquote kann einem Anleger helfen, die Gesamtkosten einer Anlage in den Fonds zu verstehen.

Was sind die Vor- und Nachteile von E-Fonds?

Aufgrund der passiven Verwaltung von ETFs sind die Gebühren niedrig und der Wertpapierumsatz gering, was (ähnlich wie bei Indexfonds) zu niedrigen Kapitalertragssteuern führt.

SOLLTE EIN ANLEGER IN EINZELNE WERTPAPIERE INVESTIEREN ODER ETFS ODER FONDS NUTZEN?

Die Diversifizierung, die durch Investmentfonds, geschlossene Fonds und ETFs erreicht wird, minimiert die Auswirkungen von unerwarteten Verlusten einzelner Wertpapiere und Anleihen in einem Portfolio. Darüber hinaus haben die professionellen Verwalter von offenen und geschlossenen Fonds einen schnelleren Zugang zu Informationen über verschiedene Themen und können früher reagieren, wenn sie die betreffenden Wertpapiere kaufen oder verkaufen. ETFs sind mit Indexfonds vergleichbar und werden nicht aktiv verwaltet.

Für Anleger, die bereit sind, ihre Portfolios zu verwalten, gibt es ein starkes Argument für den Kauf von Einzeltiteln über Investmentfonds. Die Renditen der einzelnen Wertpapiere können höher sein als die der Investmentfonds. Diese Aussage gilt auch für No-Load-Fonds, da neben den Verkaufsprovisionen auch andere Provisionen, wie 12(b)-1 und Betriebsgebühren, die Rendite von Investmentfonds schmälern. Wenn Sie in einzelne Wertpapiere investieren, vermeiden Sie diese Provisionen. ETFs haben im Allgemeinen niedrigere Verwaltungsgebühren als Investmentfonds. Für den Kauf und Verkauf von einzelnen Wertpapieren, börsengehandelten Fonds und geschlossenen Fonds werden jedoch Gebühren erhoben.

Die Vor- und Nachteile einer Anlage in ETFs

ETFs haben Ähnlichkeiten mit offenen Investmentfonds, Indexfonds und geschlossenen Fonds. Die Kenntnis der Vor- und Nachteile von ETFs hilft Ihnen bei der Entscheidung, welche Anlageform für Ihre Bedürfnisse am besten geeignet ist.

ETFs bieten Diversifizierung (ähnlich wie Investmentfonds), werden aber wie Aktien gehandelt. Obwohl die Anteilspreise von ETFs, die verschiedene Indizes abbilden, bei volatilen Märkten schwanken, können die Auswirkungen der Schwankungen auf die einzelnen Indizes gedämpfter sein als bei einem Portfolio aus einzelnen Wertpapieren.

ETFs erheben niedrige Gebühren und sind in der Regel steuergünstig bei der Verwaltung dieser Wertpapiere, was sie mit Indexfonds vergleichbar macht. (Einige neu eingeführte börsengehandelte Fonds haben ihre Gebühren erhöht, was bedeutet, dass die Anleger die erhobenen Gebühren vor einer Investition prüfen sollten).

ETFs werden wie jedes andere Wertpapier auf dem Markt über Makler zu Echtzeitkursen während des Tages gekauft und verkauft. Investmentfonds können nur einmal am Tag zu ihrem Schlusskurs gehandelt werden.

Die Anleger benötigen keine großen Geldbeträge, um ETFs zu kaufen, die ihnen ein breites Engagement in einem Marktindex, einem Marktsektor oder einem fremden Land ermöglichen.

Der Nachteil der börsengehandelten Fonds besteht darin, dass den Anlegern für den Kauf und Verkauf von Anteilen Gebühren entstehen, während bei Investmentfonds, die keine Gebühren erheben, keine Transaktionsgebühren für den Kauf oder Verkauf von Anteilen anfallen. Diese Transaktionskosten für den Kauf von ETFs machen sie für Anleger, die in der Regel häufig kleine Beträge investieren, unwirtschaftlich.

Sektorale börsengehandelte Fonds können in ihren Sektoren zu stark konzentriert sein, um an den Gewinnen ihrer Sektoren teilzuhaben. Im Jahr 2006 verzeichnete der Telekommunikationssektor hohe Renditen, die von einigen der börsengehandelten Fonds des Telekommunikationssektors nicht geteilt wurden.

Wenn Sie nur einen kleinen Geldbetrag investieren möchten, sind Investmentfonds und börsengehandelte Fonds die bessere Alternative. Mit einer Investition von 2.000 € in einen Aktienfonds kaufen Sie einen Teil eines diversifizierten Aktienportfolios, während Sie mit diesem Betrag bei Einzelaktien vielleicht nur die Aktien einer Aktiengesellschaft kaufen können. Die Anlage in Investmentfonds ist eine gute Strategie, wenn Sie nicht genug Geld haben, um Ihre Anlagen zu diversifizieren, und wenn Sie nicht die Zeit, die Fähigkeiten oder die Neigung haben, einzelne Aktien auszuwählen und zu verwalten. Außerdem bietet eine Fondsserie die Möglichkeit, in Wertpapiere zu investieren, die einzeln nur schwer zu erwerben wären. Anleger in ETFs werden nicht durch die Mindestanlagebeträge behindert, die bei Investmentfonds gelten. Anleger können eine einzelne Aktie in einem ETF kaufen.

**Merkmale von Einzeltiteln im Vergleich zu Investmentfonds,
geschlossenen Fonds und ETFs**

	Einzelne Titel	Offene Investmentfonds	Geschlossene For
Diversifizierung	Wird nur erreicht, wenn eine große Anzahl von Titeln gekauft wird	Erreicht mit einer kleinen Investition.	Erreicht mit einer Investition.
Einfacher Kauf und Verkauf	Einfacher Kauf und Verkauf von Aktien zu Echtzeitkursen während des Handelstages. Es ist schwieriger, Anleihen zu kaufen.	Einfacher Kauf und Verkauf von Anteilen. Der Handel erfolgt nur zum Schlusskurs am Ende des Tages.	Einfacher Kauf ur liquider geschloss Fonds.
Professionelles Management	Nein	ja	ja
Ausgaben und Kosten für Kauf und Verkauf	Maklergebühren für Kauf und Verkauf.	Niedrige bis hohe Kosten, je nach Fonds.	Niedrige bis hoh nach Fonds.
Steuerplanung	Es ist einfacher, Erträge zu prognostizieren und Kapitalgewinne und -verluste zu planen.	Aufgrund der unvorhersehbaren Einkommensausschüttungen und Kapitalgewinne kann dies eine sorgfältige Steuerplanung über den Haufen werfen.	Aufgrund der unvorhersehbare Einkommensauss und Kapitalgewi dies eine sorgfält Steuerplanung ül Haufen werfen.

Sofortige Diversifizierung

Inzwischen gibt es Hunderte von börsengehandelten ETFs. Die Vielfalt ist groß und umfasst alle wichtigen Indizes, Sektoren, Branchen, Größen (d.h. Large Cap, Mid Cap, Small Cap, Micro Cap usw.), Strategien (d.h. Growth, Value usw.), internationale (d.h. entwickelte Märkte, Schwellenländer und Frontier Markets), länderspezifische und sogar exotische ETFs (d.h. Rohstoffe, Short- oder Bearish-Fonds und Leveraged-Fonds).

Auch im Einkommensbereich gibt es viele ETFs. Anleihen-ETFs umfassen verschiedene Laufzeiten (lang, mittel, kurz usw.), verschiedene Qualitätsstufen (Staatsanleihen, Unternehmensanleihen, Hochzinsanleihen usw.) und Regionen (Europa, USA, einzelne Länder, Schwellenländer usw.).

Liquidität

ETFs werden an einer Börse so gehandelt, dass sie jederzeit während des Aktienhandels (intraday) gehandelt werden können, nicht nur am Ende des Tages. Dies kann bei hoher Volatilität ein wichtiger Vorteil sein.

Steuerliche Effizienz

Da die meisten börsengehandelten Fonds nicht aktiv verwaltet werden, sondern so programmiert sind, dass sie einem bestimmten Index folgen, dürfen sie keine hohen Kapitalgewinne und Erträge aufweisen, die jedes Jahr an ihre Besitzer weitergegeben werden müssen. Dies bedeutet, dass die Anleger mehr Kontrolle darüber haben, wann sie Steuern zahlen müssen.

Investitionen im Sektor

Ein börsengehandelter Fonds kann in sehr spezifische oder gezielte Wirtschaftssektoren segmentieren. Auf diese Weise können Anleger eine diversifizierte Position in einem kleinen Teil eines Sektors einnehmen, in dem sie sich engagieren möchten.

Kann in kleinen Mengen erworben werden

Da ETFs wie Aktien gehandelt werden, bietet die Positionsgröße Vorteile. Sie können kleine Positionen kaufen (ohne Mindestanlagebetrag), um eine Position zu erhöhen oder zu verringern, oder eine einzelne kleine Position in einem bestimmten ETF eingehen.

Verfügbar in alternativen Anlagen

Mit ETFs können Anleger Positionen in alternativen oder sogar exotischen Anlagen eingehen, die Kleinanlegern in keiner anderen Form zur Verfügung stehen. Es werden regelmäßig neue Produkte angeboten, darunter

Rohstoff-ETFs, Absicherungsgeschäfte und gehebelte Long- und Short-Positionen in Indizes und Sektoren.

Börsengehandelte Fonds (ETFs) sind heutzutage bei Anlegern sehr beliebt. Diese Anlagevehikel ähneln den Indexfonds, werden aber wie Aktien an der Börse gehandelt. Hier sind die Vor- und Nachteile einer Investition in ETFs

Vorteile

1. Bequemlichkeit: Die Anlage in ETFs ist so einfach wie die Anlage in Aktien. Sie brauchen nur eine Aktie zu kaufen, so wie Sie es mit jeder normalen Aktie tun würden.

2. Niedrige Provisionen. Wie bei Indexfonds fallen bei ETFs nur geringe Provisionen an. Bei S&P 500-Trackern wie IVV und SPY können Sie mit einer Verwaltungsgebühr von etwa 0,1 Prozent rechnen. Die Verwaltungsgebühren sind bei exotischeren ETFs wie dem Russell 2000 Index ETF (IWN) und dem Vanguard Emerging Markets ETF (VWO) höher.

3. Steuerliche Effizienz. Es gibt keine unvorhergesehenen Kapitalgewinne/-verluste, wenn Sie einen ETF kaufen. Verkaufen Sie dann, wenn es aus steuerlicher Sicht für Sie am sinnvollsten ist.

Benachteiligungen

1. Bequemlichkeit. Die Einfachheit des Kaufs/Verkaufs eines börsengehandelten Fonds bedeutet, dass Sie einen börsengehandelten Fonds auch dann verkaufen können, wenn Sie später meinen, ihn behalten zu müssen. Dieser Nachteil lässt sich natürlich durch eine solide Anlagedisziplin vermeiden.

2. Marktspreads. Wenn Sie einen seltenen börsengehandelten Fonds kaufen, kann die Geld-Brief-Spanne beträchtlich sein. Dies kann vermieden werden, wenn Sie in große ETFs investieren.

3. Nachteile des Indexfonds. Da Sie die Vorteile eines Indexfonds (z. B. niedrige Gebühren) erhalten, haben Sie auch die meisten Nachteile. Da ein börsengehandelter Fonds einen Index blind nachbildet, bedeutet dies, dass er auch Aktien enthält, die Sie vielleicht nicht mögen, die aber in diesem Index enthalten sind.

Wie viele Arten gibt es?

Die börsengehandelten Fonds haben die Investmentbranche revolutioniert, da sie es den Anlegern einfacher denn je machen, sich an einem möglichst breiten Spektrum von Anlagen zu beteiligen. Bei Tausenden von verfügbaren ETFs kann es für Anleger sehr schwierig sein, herauszufinden, welche Arten von ETFs für ihr Portfolio am besten geeignet sind. Die folgenden Arten von ETFs sind am weitesten verbreitet, und Sie werden die von Ihnen gesuchten Fonds wahrscheinlich innerhalb dieser Kategorien finden:

- Breitmarkt-ETFs;
- Sektorale ETFs;
- Dividenden-ETFs;
- Stilbasierte ETFs;
- Rohstoff-ETFs;
- Währungs-ETFs; und
- Anleihen-ETFs.

Breitmarkt-ETFs für ein umfassendes Marktengagement

Die größten und beliebtesten börsengehandelten Fonds sind die marktbreiten ETFs. Sie bilden Indizes ab, die den gesamten oder einen Großteil des Aktienmarktes abdecken. Das beste Beispiel ist der **SPDR S&P 500** (NYSEMKT:SPY), der größte börsengehandelte Fonds, der den S&P 500 Index für US-Aktien nachbildet.

Sie können breit angelegte ETFs finden, die eine Vielzahl verschiedener Indizes abdecken. Einige marktbreite ETFs bieten ein Engagement im gesamten globalen Aktienmarkt und konzentrieren sich gleichzeitig auf eine bestimmte Unternehmensgröße oder geografische Region. Die billigsten breit angelegten ETFs gehören zu den kostengünstigsten Anlagen, die es gibt, und eignen sich gut als Komplettlösung für die Vermögensverteilung.

Sektor-ETFs für sektorspezifische Anlagen

Sektor-ETFs ermöglichen es Ihnen, in Aktien eines bestimmten Marktsektors zu investieren. Die Gruppe der Sektor-SPDR-ETFs unterteilt den Markt in 10 verschiedene Sektoren, aber es gibt auch andere Gruppen von ETFs, die andere Klassifizierungen verwenden, die bestimmte Sektoren umfassen können.

Der Vorteil von Sektor-ETFs besteht darin, dass sie Ihnen ein reines Engagement in einem besonders interessanten Sektor bieten können. Bei marktbreiten börsengehandelten Fonds wird jedem Sektor ein kleiner Teil zugewiesen. Wenn sich der von Ihnen gewählte Sektor jedoch besonders gut entwickelt, können Sie mit sektorbezogenen börsengehandelten Fonds in vollem Umfang davon profitieren, ohne dass Ihre Rendite durch unterdurchschnittlich abschneidende Aktien geschmälert wird.

Dividenden-ETFs für solides Einkommen

Dividenden-ETFs konzentrieren sich auf dividendenstarke Aktien mit dem Ziel, den Anlegern hohe laufende Erträge zu zahlen. Es gibt jedoch mehrere Ansätze, mit denen Dividenden-ETFs dieses Ziel erreichen können.

Einige Dividenden-ETFs versuchen, die laufende Rendite zu maximieren, was zu einer maximalen Ertragsausschüttung führt. Andere wählen Aktien nicht nur aufgrund ihrer Rendite aus, sondern auch aufgrund ihres stetigen Dividendenwachstums in der Vergangenheit. Bei ETFs, die diese beiden Strategien verfolgen, können die Renditen stark voneinander abweichen. Daher ist es wichtig zu wissen, um welche Art von Dividenden-ETF es sich handelt und welcher am besten zu Ihrem Anlagestil passt.

Stil-ETFs für Wachstums- oder Value-Anleger

Viele Anleger identifizieren sich selbst, indem sie sich auf Wachstums- oder Wertaktien konzentrieren. Einige ETFs teilen beliebte Aktienindizes in zwei Teile auf, von denen der eine auf Wachstumswerte und der andere auf Substanzwerte ausgerichtet ist.

Sie können stilbasierte ETFs für alle Arten von Aktien finden, von großen, mittleren oder kleinen inländischen Unternehmen bis hin zu internationalen Aktien aller Größen und Regionen der Welt. Die beiden Stile gehen hin und her und verlieren in ihrer relativen Performance an Wert, aber beide können eine effektive Anlageform sein.

Rohstoff-ETFs für unkorrelierte Renditen

Rohstoff-ETFs bieten ein Engagement auf den Rohstoffmärkten, die Renditen bieten können, die nicht unbedingt mit denen des Aktienmarktes verbunden sind. Dies kann für Anleger nützlich sein, die eine echte Diversifizierung über verschiedene Anlageklassen hinweg anstreben. Die meisten börsengehandelten Rohstofffonds verwenden Futures oder andere Derivate, um ein Engagement in ihren jeweiligen Märkten zu erreichen, während einige tatsächlich den physischen Rohstoff selbst kaufen, wobei jeder Anteil eine entsprechende Menge des Rohstoffs darstellt.

Aufgrund der Verwendung von Derivaten erfordern viele Rohstoff-ETFs Kenntnisse über die Launen der Futures-Märkte, um Fallstricke zu vermeiden. Wer Sachwerte besitzt, dem entstehen Kosten, die ihren Wert langsam aufzehren. Für viele ist es jedoch lohnenswert, sich auf andere Art und Weise an Vermögenswerten zu beteiligen.

Währungs-ETFs für Fremdwährungsengagement

Ähnlich wie Rohstoff-ETFs sind Währungs-ETFs so konzipiert, dass Sie von den Wertschwankungen von Fremdwährungen gegenüber dem US-Dollar oder dem Euro profitieren können. Bei vielen Währungs-ETFs gibt es Konventionen, wonach ein Anteil des ETFs dem Wert eines bestimmten Betrags einer bestimmten Fremdwährung entspricht. Andere orientieren sich an breiten Benchmarks für Währungsbewegungen wie dem US-Dollar-Index.

Sie können börsengehandelte Währungsfonds einsetzen, um Ihr persönliches Risiko, z. B. bei einer Urlaubsreise, abzusichern oder um sich gegen ungünstige Währungsschwankungen bei wichtigen Unternehmen in Ihrem Portfolio zu schützen. Da sie eine Bargeldanlage in einer Fremdwährung imitieren, können Währungs-ETFs im Rahmen einer Asset-Allocation-Strategie ähnlich wie Bargeld wirken, wobei eine Umschichtung weg vom Auslandsengagement erfolgt.

Festverzinsliche Anleihen-ETFs

Schließlich bieten ETFs für Anleihen den Anlegern ein Engagement auf dem Anleihemarkt. Es gibt marktbreite Anleihen-ETFs, die den gesamten Markt abdecken, oder Anleihensektor-ETFs, die sich auf bestimmte Arten von Anleihen konzentrieren, wie z. B. Schatzanweisungen, Unternehmensanleihen oder internationale Staatsanleihen ausländischer Länder.

Bei börsengehandelten Anleihen müssen Sie wissen, ob sich der Fonds auf eine bestimmte Laufzeit konzentriert oder fällig werdende Anleihen verlängert, um neue zu kaufen. Die Zinsrisiken sind bei jeder dieser beiden Fondsarten unterschiedlich, daher ist es wichtig, dass Sie Ihren ETF auf Ihre speziellen Bedürfnisse abstimmen.

Wie man ein Emittentenportfolio aufbaut

3 Wege zum Aufbau eines ETF-Portfolios

Der Einsatz von börsengehandelten Fonds (ETFs) zur Schließung von Lücken in einem Anlageportfolio hat viele Vorteile, und viele Anleger kombinieren ETFs mit Investmentfonds und Einzelaktien und -anleihen in ihren Konten und passen sie an. Es ist aber auch möglich, ein komplettes Portfolio nur aus ETFs aufzubauen, die in den meisten Fällen Indizes nachbilden. In diesem Kapitel werden wir die Vorteile und Nachteile eines reinen ETF-Portfolios mit Index-ETFs diskutieren. (Obwohl es aktiv verwaltete ETFs gibt, bezieht sich in diesem Kapitel ein Portfolio aus allen ETFs ausdrücklich nur auf die Verwendung von Index-ETFs).

Woher wissen Sie, ob ein reines ETF-Portfolio für Sie sinnvoll ist? Das hängt in erster Linie davon ab, welche Ziele und Vorlieben Sie haben. In der Regel bieten ETFs eine hervorragende Diversifizierung bei einer niedrigen laufenden Kostenquote (OER), da es sich bei vielen um passive Fonds handelt, die einen bestimmten Referenzindex nachbilden. Aus diesem Grund bieten sie in der Regel Transparenz: Es ist leicht zu erkennen, welche Aktien, Anleihen oder anderen Anlagen der ETF täglich hält. Wenn dies die Hauptmerkmale sind, nach denen Sie bei Ihren Anlagen suchen, kann der Besitz von ETFs eine einfache, aber flexible Lösung sein, die es wert ist, näher betrachtet zu werden.

Dabei gibt es einige Kompromisse zu bedenken. Ein reines ETF-Portfolio bedeutet den Verzicht auf aktiv verwaltete Investmentfonds, die durch eine professionelle Aktien- und Anleihenauswahl eine bessere Performance als Index-ETFs erzielen können. Außerdem verzichten Sie auf die Kontrolle, die ein Portfolio, das ausschließlich aus von Ihnen ausgewählten Einzelaktien besteht, mit sich bringt. Manche Menschen werden auf diese Dinge nicht verzichten wollen, obwohl diese Ansätze auch ihre eigenen Nachteile haben.

Ein Portfolio aus indexierten Investmentfonds hingegen wäre einem Portfolio, das ausschließlich aus ETFs besteht, sehr ähnlich, mit zwei wesentlichen Ausnahmen: ETFs werden anders gehandelt als indexierte Investmentfonds, und für einige Nischen-Anlageklassen gibt es zwar ETFs, aber nur wenige oder gar keine indexierten Investmentfonds.

Vor- und Nachteile von vier Arten von Portfolios im Vergleich zueinander

Brieftasche	Fachleute	Gegen
Aktiv verwaltete Investmentfonds	• Professionelles aktives Management • Potenzial zur Outperformance des Marktes • Gut diversifiziert unter den verschiedenen Titeln • Mehr Auswahl an Fonds	• Höhere laufende Ausgaben • Mögliche Minderleistung • Weniger transparent • Erhöhter Portfolioumschlag
Index-Anlagefonds	• Gut diversifiziert unter den verschiedenen Titeln • Generell niedrige laufende Kosten • Versuchen Sie, die Performance des Indexes (abzüglich Gebühren und Kosten) zu erreichen.	• Begrenzte Auswahl in bestimmten Anlageklassen • Keine aktive Verwaltung • Kein Potenzial, den Index zu schlagen
All-Index-ETF-Portfolio	• Sehr gute Abwechslung zwischen den verschiedenen Titeln	• Keine aktive Verwaltung • Kein Potenzial, den Index zu schlagen

- Generell niedrige laufende Kosten
- Nischenoptionen auf Wunsch verfügbar
- Transparenz am Ende des Tages
- Flexibilität im Handel
- Versuchen Sie, die Performance des Indexes (abzüglich Gebühren und Kosten) zu erreichen.

Einzelne Aktien und Anleihen	- Keine laufenden Kosten - Maximale Kontrolle - Vollständige Transparenz	- Höhere Transaktionskosten - Diversifizierung kann schwieriger sein - Kein professionelles Management - Einige Arten von Anleihen können eine geringe Liquidität aufweisen (für einzelne Anleihen)

Wenn Sie der Meinung sind, dass ein Portfolio aus allen ETFs das Richtige für Sie sein könnte, finden Sie hier drei Möglichkeiten, ein solches Portfolio zu erstellen, die von sehr einfach bis sehr präzise reichen.

1. Sehr einfach

Eine Option, die Sie in Erwägung ziehen könnten, wäre der Einsatz von zwei ETFs, um ein ausgewogenes und diversifiziertes Portfolio aus Aktien und Anleihen zusammenzustellen:

- Ein vollständiger ETF auf den Weltaktienmarkt
- Ein ETF für den gesamten Anleihemarkt

Wenn Sie beispielsweise ein Anleger sind, der ein moderates Risiko anstrebt und 60 Prozent seines Portfolios in Aktien und 40 Prozent in Anleihen investieren möchte, könnten Sie den Kauf eines länderübergreifenden Aktienindex-ETF in Erwägung ziehen und diesen dann mit einem Anleihen-ETF kombinieren.

Weltweite börsengehandelte Fonds können einen Index wie den Morgan Stanley Capital International All Country World Index^{SM} (MSCI ACWI) nachbilden, der ein Engagement in US-Aktien, internationalen Aktien aus Industrieländern und internationalen Aktien aus Schwellenländern bietet.

Einige Anleihen-ETFs bilden den breiten Bloomberg Barclays US Aggregate Bond-Index nach, der alle Anleihen umfasst:

- Staatsanleihen
- Staatsanleihen
- Hypothekarisch gesicherte Anleihen
- Unternehmensanleihen mit Investment Grade
- Einige internationale Anleihen, die auf Euro oder Dollar lauten

Der Vorteil dieses Portfolios ist seine Einfachheit: ein Aktienfonds und ein Rentenfonds. Es wird leicht zu erkennen sein, wann eine Neugewichtung erforderlich ist. Da börsengehandelte Fonds intraday gehandelt werden und in der Regel bei jedem Kauf oder Verkauf einen Teil der Geld-Brief-Spanne kosten, kann ein Portfolio aus zwei börsengehandelten Fonds Ihnen helfen, Ihre Handelskosten niedrig zu halten.

Ein Nachteil dieses Portfolios ist, dass es nicht sehr gut zusammengestellt ist. So setzte sich der MSCI ACWI laut Morgan Stanley Capital International zum 31. März 2021 zu etwa 58 % aus US-Aktien und zu 42 % aus Nicht-US-Aktien zusammen. Möchte man beispielsweise eine größere

Allokation in US-Aktien haben, könnte man zwei separate Aktien-ETFs wählen.

Ein weiterer Nachteil dieses Portfolios besteht darin, dass es keine Allokation in inflationsgeschützte Staatsanleihen (TIPS), Anleihen mit geringerer Bonität (auch als Hochzinsanleihen oder Junk Bonds bezeichnet) und internationale, nicht auf Dollar lautende Anleihen enthält, ganz zu schweigen von anderen Anlageklassen wie Rohstoffen und Immobilien. Zusätzliche Anlageklassen können zur weiteren Diversifizierung Ihres Portfolios beitragen. Wenn Sie jedoch Einfachheit anstreben, kann das Portfolio mit zwei ETFs eine Alternative sein, die Sie in Betracht ziehen sollten.

2. Mitten auf der Straße

Ein mittlerer Ansatz für ein reines ETF-Portfolio könnte aus etwa 10 ETFs bestehen.

Für Aktien haben Sie vielleicht:

- Ein großkapitalisierter ETF Eur
- Ein US Small-Cap-ETF
- Ein internationaler ETF auf entwickelte Märkte
- Ein ETF auf Schwellenländer

Bei Anleihen könnten Sie mit dem oben beschriebenen ETF für Kernanleihen beginnen und dann weiter diversifizieren, indem Sie ETFs einbeziehen, die in Anleihen investieren:

- VORSCHLÄGE
- Anleihen unterhalb der Investment-Grade-Kategorie ("High Yield" oder "Junk")
- Internationale Anleihen

Der Vorteil dieses Portfolios besteht darin, dass es für ein Gleichgewicht sorgen kann. Es enthält genügend ETFs, um mehrere Anlageklassen abzudecken und die Gewichtung Ihres Portfolios in den meisten Bereichen anzupassen, aber nicht so viele Fonds, dass es zu schwierig wird, den Überblick zu behalten. Der Nachteil dieses Portfolios ist, dass es weder ein Höchstmaß an Einfachheit noch ein Höchstmaß an Anpassungsfähigkeit bietet.

3. Optimiert

Auf der anderen Seite des Spektrums eines ultraeinfachen ETF-Portfolios steht ein optimiertes Portfolio mit 20 oder mehr ETFs. Diese Art von Portfolio kann für Anleger sinnvoll sein, die ihre Konten genau den Teilen des Marktes zuordnen möchten, von denen sie erwarten, dass sie am besten abschneiden.

Dieses Portfolio beginnt ähnlich wie ein durchschnittliches ETF-Portfolio, unterteilt dann aber die verschiedenen Teile in dünnere Scheiben:

- Large-Cap-Aktien lassen sich in Sektoren wie Finanz- und Gesundheitswesen oder noch enger gefasste Sektoren wie Banken und Biotechnologie unterteilen.
- Die Aktienzuteilung kann weiter unterteilt werden, um Aktien mit mittlerer oder kleiner Marktkapitalisierung oder Stile wie Wachstum und Wert einzubeziehen.
- Die Allokation der internationalen Aktien kann geändert werden, um internationale Small-Cap-Aktien in Regionen wie Europa und Asien oder einzelne Länder wie Deutschland und China einzubeziehen.

Der Kernanleihenindex kann in seine Bestandteile zerlegt werden:

- Schatz
- Agentur-garantierte Anleihen
- Hypothekarisch gesicherte Wertpapiere
- Unternehmensanleihen

Die durchschnittliche Laufzeit der Anleihen im Portfolio kann angepasst werden, um mehr langfristige Anleihen oder kurzfristige Anleihen aufzunehmen.

Rohstoff-ETFs können in Portfolios aufgenommen und in dünne Scheiben aufgeteilt werden, wie z. B.:

- Öl
- Gold
- Landwirtschaftliche Rohstoffe
- Unedle Metalle

Immobilien-ETFs können dem Portfolio hinzugefügt werden und könnten auch in EUR, US und global unterteilt werden.

Bei einem optimierten Portfolio ist es unwahrscheinlich, dass Sie alle möglichen ETFs gleichzeitig halten wollen. Anstatt beispielsweise alle 11 Aktiensektoren und jedes einzelne Land zu berücksichtigen, würden Sie wahrscheinlich bestimmte ETFs bevorzugen und somit nur die Sektoren oder Länder gewichten, die Ihnen am attraktivsten erscheinen.

Der Vorteil dieses Portfolios besteht darin, dass Sie sich in jedem engen Marktsegment fast genau so engagieren können, wie Sie es wünschen, und gleichzeitig von der Diversifizierung profitieren, die ETFs in Bezug auf einzelne Aktien und Anleihen bieten.

Die Nachteile sind die Komplexität und die Handelskosten. Bei so vielen ETFs in Ihrem Portfolio ist es wichtig, dass Sie jederzeit den Überblick behalten. Sie könnten leicht den Überblick über Ihre gesamte Aktienquote verlieren, wenn Sie 13 verschiedene Aktien-ETFs halten, anstatt nur einen oder fünf. Wenn Sie so viele börsengehandelte Fonds in Ihrem Portfolio haben und relativ viele Käufe und Verkäufe tätigen, können sich die Auswirkungen der Geld-Brief-Spannen schnell vergrößern.

Die Anleger investieren ihr Geld wegen der niedrigen Kosten in ETFs.

Die Zusammenstellung eines ETF-Portfolios kann aufgrund der großen Auswahl eine verwirrende Erfahrung sein.

Obwohl einige ETFs aktiv von Investmentmanagern verwaltet werden, versucht die überwiegende Mehrheit, Indizes nachzubilden, die einen bestimmten Index (wie den S&P 500) nachbilden. Dadurch werden die Kosten, einer der wichtigsten Einflussfaktoren auf die Nettorendite, erheblich gesenkt. Und die meisten ETFs haben tendenziell niedrigere Kosten als viele Indexfonds. Im Gegensatz zu Indexfonds werden ETFs genau wie Aktien an der Börse gehandelt und können während des Handelstages gekauft oder verkauft werden.

Der beste Weg, ein ETF-Portfolio zusammenzustellen, ist derselbe wie bei jeder anderen Art von Anlage: Achten Sie genau auf Ihre Ziele, Ihre Risikotoleranz und Ihre Vermögensaufteilung.

Beachten Sie diese fünf Punkte bei der Zusammenstellung Ihres ETF-Portfolios:

Die Kosten sind entscheidend. Der Sinn des Kaufs von börsengehandelten Fonds besteht darin, die Kosten niedrig zu halten, um die Nettorendite (das Geld vor Steuern, das Sie nach Kosten verdienen) zu erhöhen. Insgesamt sind börsengehandelte Fonds tendenziell billiger als Indexfonds, aber ihre Kosten variieren stark. Die durchschnittliche ETF-Kostenquote liegt bei 0,44 %, was bedeutet, dass eine Fondsanlage von 1.000 € Sie 4,40 € pro Jahr kostet. (Im Gegensatz dazu kostet der durchschnittliche Indexfonds etwa 0,74 %.) Es gibt viele leistungsstarke ETFs mit Kostenquoten von weniger als 0,10 % oder 1 € pro Jahr auf 1.000 €. Allerdings haben selbst einige passive ETFs jährliche Kosten von weit über 1 oder 2 Prozent. Die großen Anbieter von börsengehandelten Fonds, darunter Vanguard, iShares, Barclays und SPDR, geben auf ihren Websites die Kostenquoten an, und einige bieten Tools zum Vergleich von börsengehandelten Fonds und Fonds verschiedener Unternehmen an, die Kostenquoten, Anteilspreise, aktuelle Renditen und andere wichtige Statistiken anzeigen.

Denken Sie daran, dass die Kosten im Verhältnis zur jeweiligen Anlageklasse, die Sie in Betracht ziehen, bewertet werden sollten. So sind beispielsweise die Kostenquoten für Schwellenländer-ETFs tendenziell höher als für inländische ETFs.

Die Größe ist wichtig. Vermeiden Sie börsengehandelte Fonds mit geringen Vermögenswerten, da die Wahrscheinlichkeit, dass sie geschlossen werden, viel größer ist als bei großen Fonds. Kleine Fonds sind in der Regel teurer, weil ihre Ausgaben im Verhältnis zu ihrem Gesamtvermögen höher sind. Bei einem Fonds, der weniger als 100 Millionen Euro verwaltet, ist es wahrscheinlicher, dass er mit anderen fusioniert oder geschlossen wird und Sie Ihr Geld zurückbekommen.

Auch Dividenden zählen. Die großen ETF-Gesellschaften ermöglichen es Ihnen, Ihre Dividenden zu reinvestieren (in zusätzliche Anteile der Fonds, die sie produzieren) oder sie in bar zu erhalten. Wenn Sie Bargeld nehmen, können Sie Ihr Einkommen mit (in der Regel) vierteljährlichen Dividendenschecks ergänzen. ETFs geben in der Regel die Dividendenzahlungen pro Anteil und die Dividendenrendite an, d. h. die jährliche Bardividende pro Anteil geteilt durch den Anteilspreis des ETFs. Wenn auf der Website des Unternehmens die Dividendenrendite nicht angegeben ist, gibt es andere, die dies tun.

Achten Sie auf Anleihen-ETFs. In den Industrieländern sind die Anlagerenditen niedrig, insbesondere bei Anleihen. Die Zinssätze für Unternehmens- und Staatsanleihen werden von den aktuellen Zinssätzen beeinflusst, die in Japan und Teilen Europas derzeit bei 0 % oder darunter liegen, was die Banken dazu zwingt, von den Einlegern Zinsen zu verlangen, damit sie ihr Geld behalten!

Vermeiden Sie langfristige Anleihen. Jetzt ist ein guter Zeitpunkt, um langfristige Anleihen (10 Jahre oder länger) zu meiden, denn die Inflation könnte Ihre Renditen schmälern, und es wird erwartet, dass die Zinssätze von diesen Tiefstständen aus steigen werden. Wenn die Inhaber langfristiger Anleihen versuchen, diese vor Fälligkeit zu verkaufen, könnte der Markt sie bestrafen, da neue Anleihen höhere Zinsen zahlen könnten, die die neuen, höheren Zinssätze widerspiegeln.

Wie viele ETFs brauchen Sie, um ein Portfolio zu erstellen? Es kommt darauf an, welche Sie auswählen, aber wenn Sie sich auf marktbreite ETFs beschränken, können eine Handvoll oder sogar weniger ausreichen. Jemand in den 30er oder 40er Jahren, der ein gewisses Maß an Risiko tolerieren kann (weil er noch Jahrzehnte des Investierens vor sich hat, um eventuelle Defizite auszugleichen), könnte ein ETF-Portfolio wie dieses in Betracht ziehen:

- S&P 500 ETF: 50% des Portfolios
- ETFs auf ausländische Aktien der Industrieländer: 10%.
- Schwellenländer-ETFs: 10%.
- US-Anleihen-ETF: 20 Prozent
- Geldmarkt oder kurzfristige Anleihen: 10%.

Natürlich kann eine nahezu unendliche Vielfalt von ETF-Kombinationen verwendet werden, um ein ausgewogenes Portfolio zusammenzustellen. Ein Finanzberater kann Sie bei diesen Entscheidungen unterstützen. Alternativ können Sie auch einen der zahlreichen Online-Analyseprogramme für Fondsportfolios nutzen.

Mit diesen Grundlagen im Hinterkopf können Sie ein ETF-Portfolio zusammenstellen, das darauf ausgelegt ist, die Aktienkurse zu steigern und, falls gewünscht, Ihr Einkommen durch Bardividenden zu ergänzen.

Welche sind die richtigen für Sie?

ETFs sind großartig. Aber wie wählt man das richtige für sich aus?

Bei der Vielzahl von ETFs, die heute auf dem Markt sind, und bei der jährlichen Einführung weiterer ETFs kann es schwierig sein, zu entscheiden, welches Produkt sich am besten für Ihr Portfolio eignet. Wie beurteilen Sie die immer größer werdende ETF-Landschaft?

Beginnen Sie mit dem, was in der Benchmark steht

Viele konzentrieren sich gerne auf die Kostenquote des ETF, das verwaltete Vermögen oder den Emittenten. All diese Dinge sind wichtig. Aber für uns ist das Wichtigste an einem ETF der zugrunde liegende Index.

Wir sind darauf konditioniert zu glauben, dass alle Indizes gleich sind. Ein gutes Beispiel hierfür sind der S&P 500 und der Russell 1000. Worin besteht der Unterschied?

Die Antwort lautet: nicht viel. Sicher, der Russell 1000 hat doppelt so viele Aktien wie der S&P 500, aber in einem bestimmten Zeitraum entwickeln sich die beiden in etwa gleich.

Aber in den meisten anderen Fällen sind Indizes wirklich wichtig. Der Dow Jones Industrial Average umfasst 30 Aktien und sieht nicht so aus wie der S&P 500 und entwickelt sich auch nicht so. Ein beliebter chinesischer ETF bildet einen Index ab, der zu 50 Prozent aus Finanzdaten besteht; ein anderer bildet einen Index ohne Finanzdaten ab.

Das Schöne an ETFs ist, dass sie ihre Bestände (meistens) täglich offenlegen. Nehmen Sie sich also die Zeit, genau hinzuschauen und zu prüfen, ob die Aufschlüsselung nach Beständen, Sektoren und Ländern Sinn macht. Stimmen sie mit der von Ihnen angestrebten Vermögensaufteilung überein?

Achten Sie nicht nur darauf, welche Aktien oder Anleihen ein ETF enthält, sondern auch darauf, wie sie gewichtet sind. Einige Indizes gewichten ihre Bestände mehr oder weniger gleichmäßig, während bei anderen ein oder zwei große Namen die Hauptlast tragen.

Der erste Schritt bei der Auswahl eines börsengehandelten Fonds besteht darin, das Marktsegment zu definieren, d. h. die Art des Vermögenswerts, den Sie kaufen möchten. Sie können sich für ETFs entscheiden, die sich auf

Anlageklassen wie Aktien-, Anleihen- und Rohstoff-ETFs konzentrieren, und diese Auswahl führt in der Regel zu unterschiedlichen Ergebnissen.

Die Anleger können dann ihren Fokus innerhalb jeder Anlageklasse verfeinern. So werden Aktien häufig nach geografischem Gebiet (Region, Land oder Börse), nach Marktkapitalisierung (große, mittlere oder kleine Unternehmen) oder nach Wirtschaftszweigen wie Technologie oder Energie unterschieden.

Die Anleger könnten auch bestimmte Anlagethemen wie Elektrofahrzeuge, künstliche Intelligenz oder den Aufstieg der Millennial-Konsumenten verfolgen.

Nachhaltige ETFs

Innerhalb ein und desselben Marktsegments können sich die Unternehmen durch ihre wahrgenommene ethische Glaubwürdigkeit unterscheiden: So können sich "nachhaltige" ETFs auf bestimmte Themen konzentrieren, wie z. B. Unternehmen mit geringem Wasserverbrauch oder geringen Kohlenstoffemissionen. Alternativ könnten nachhaltige Fonds einfach Aktien mit unerwünschten Merkmalen, wie z. B. große Umweltverschmutzer, von breiteren Aktienmarkt-Benchmarks ausschließen.

Anleger, die sich auf solche Maßnahmen konzentrieren, sollten jedoch ihre Anlagestrategien und Fondsportfolios sorgfältig prüfen, da ein und dasselbe Unternehmen bei einem Indexanbieter einen sehr hohen Umwelt-, Sozial- und Governance-Wert und bei einem anderen einen sehr niedrigen Wert haben kann. Der Elektroautohersteller Tesla und sein traditionellerer Konkurrent General Motors sind eindrucksvolle Beispiele für diesen fehlenden Konsens.

Anleihen-ETFs

Anleihen-ETFs werden im Allgemeinen nach Emittententyp (Unternehmen oder Staat), nach Bonität (Investment Grade oder High Yield) oder nach Fälligkeit gefiltert. Die Anleger können den Schwerpunkt des Engagements weiter eingrenzen, indem sie bestimmte Arten von Basiswerten in Betracht ziehen, z. B. Wandelanleihen (bei denen die Rendite zum Teil von der Entwicklung des Aktienkurses des Unternehmens abhängt) oder variabel verzinsliche Anleihen, die den Anlegern Schutz vor steigender Inflation bieten.

Investitionsstrategie

Außerdem steht den Anlegern ein immer breiteres Spektrum an möglichen Investitionsansätzen zur Verfügung.

Traditionell waren börsengehandelte Fonds rein passive Instrumente, die die Wertentwicklung eines zugrunde liegenden Marktindex nachbilden sollten.

Inzwischen gibt es jedoch eine kleine, aber schnell wachsende Zahl von aktiv verwalteten Fonds, die versuchen, ihre Benchmark zu übertreffen.

Ein separates Konzept, "Smart Beta", ist eine Mischung aus aktiven und passiven Anlageansätzen. Hier versucht ein Fonds, ein unausgewogenes Portfolio auf der Grundlage eines oder mehrerer "Faktoren" aufzubauen, die in der Vergangenheit mit einer Outperformance korreliert waren, z. B. Value, Dividendengenerierung, Momentum, geringe Größe oder niedrige Volatilität.

Die Auswahl und Gewichtung der einzelnen Beteiligungen erfolgt jedoch nicht aktiv durch den Fondsmanager, sondern nach einer vorgegebenen Formel. Wie immer bei Investitionen gibt es eine lebhafte Debatte über die Wirksamkeit von Smart-Beta-Ansätzen.

Praktische Überlegungen

Je nach Börsennotierung kann ein Produkt für einen Anleger einfach nicht verfügbar sein oder die Kosten für den Handel mit dem börsengehandelten Fonds können übermäßig hoch sein.

Darüber hinaus können Fondsmanager oft mehrere Anteilsklassen ansonsten identischer ETFs mit unterschiedlicher Dividenden- oder Kuponpolitik anbieten. Dies ist ein wichtiger Faktor, der zu berücksichtigen ist, da er die langfristigen Erträge der Anleger erheblich beeinflussen kann.

Bei der Thesaurierung von Anteilsklassen werden Dividenden- und Kuponzahlungen durch den Kauf weiterer Aktien und Anleihen reinvestiert, während bei der Ausschüttung von Anteilsklassen diese Zahlungen als normaler Einkommensstrom an die Anleger weitergeleitet werden. Dieser Einkommensstrom wird häufig zu einem anderen Satz besteuert als ein Kapitalgewinn.

Wechselkursrisiko

Anleger sollten auch die Währung der Anteilsklasse berücksichtigen. Der Besitz einer auf eine Fremdwährung lautenden Anteilsklasse setzt die Anleger natürlich möglichen negativen Wechselkursschwankungen aus.

Mit anderen Worten: Der Kurs des ETF in der Heimatwährung des Anlegers schwankt mit den Währungsbewegungen und kann zu Verlusten führen, die nicht mit der Rendite der zugrunde liegenden Vermögenswerte korreliert sind. Obwohl Währungsgewinne ebenso wahrscheinlich sind, könnte diese Währungsdiskrepanz zu unerwünschter Volatilität führen.

ETF-Emittenten bieten häufig abgesicherte Anteilsklassen an, mit denen sich die Anleger gegen dieses Risiko schützen können. In diesem Szenario wird die Wertentwicklung der Anlage an die der zugrunde liegenden Vermögenswerte angepasst, aber die Kosten für die Absicherung werden die Rendite auf lange Sicht allmählich verringern.

Die besten Strategien zum Geldverdienen mit etf

Ein Händler, der mit börsengehandelten Fonds beständig gewinnen will, kann auf lange Sicht viel verdienen, wenn er einige grundlegende Charttechniken anwendet, die von erfahrenen Investoren in Wachstumsaktien verwendet werden.

Technik Nr. 1: Den Markt abpassen

Wenn Sie gerne mit breit angelegten Aktienindizes handeln, können Sie Ihre Käufe und Verkäufe von Nasdaq QQQ Trust (QQQ), SPDR S&P 500 (SPY) und SPDR Dow Jones Industrial (DIA) ETFs, die den Nasdaq 100 nachbilden, mit dem IBD ETF Market Strategy Tool verfeinern.

Kaufsignale werden ausgelöst, wenn nach einer deutlichen Marktkorrektur mindestens einer der wichtigsten Marktbenchmarks am vierten Tag eines neuen oder nachfolgenden Erholungsversuchs um 1,2 Prozent oder mehr in einem größeren Volumen als in der vorangegangenen Handelssitzung steigt. Die IBD bezeichnet diese Art von signifikantem Gewinn bei höherem Umsatz als "Follow-Through". Alle großen Markttiefs seit 1900 begannen auf diese Weise.

In einigen Fällen wird IBD ein Follow-Through feststellen, wenn der Anstieg des Nasdaq Composite oder des S&P 500 weniger als 1,2% beträgt.

Die Folgeerscheinungen sind keine Garantie dafür, dass eine große Rallye bevorsteht, aber sie sind das erste Signal für einen Anleger, dass große Investmentfonds ernsthaft damit beginnen, neue Positionen in Aktien aufzubauen. Und es ist wichtig zu beobachten, wann Großinvestoren ihr Verhalten ändern. Wie kommt das? Sie neigen dazu, monatelang oder jahrelang weiter zu kaufen und so die Gewinne Ihrer Anlagen in Aktien und börsengehandelten Fonds zu steigern.

Das Follow-Through vom 30. Juni 2016 war insofern einzigartig, als es am dritten Tag eines neuen Rallyversuchs stattfand. In dieser Sitzung legte der S&P 500 um 1,4 % und der Nasdaq Composite um 1,3 % zu. Das Volumen stieg an diesem Tag sowohl an der Nasdaq als auch an der NYSE (die Umsatzstatistik, die zur Analyse der Gesundheit des S&P 500 verwendet wird).

An diesem Tag beendete der SPY den Handel mit einem Kurs von 209,48; der QQQ schloss bei 107,54.

Seitdem haben beide ETFs über 30 % zugelegt. Nutzen Sie die ETF-Marktstrategie, um zu bestimmen, wann Sie die Hälfte Ihrer Position verkaufen und wann Sie zu 100 % auf Cash setzen sollten.

Technik Nr. 2: Fangen Sie ETFs auf dem Weg nach oben, nicht nach unten

Welche ausgezeichneten Instrumente können Sie nutzen, um von rechtzeitigen Bewegungen in Sektor-ETFs zu profitieren, unabhängig davon, ob es sich um eine Branche oder eine geografische Region handelt? Tägliche und wöchentliche Charts helfen Ihnen zu erkennen, wann Sie mit hoher Wahrscheinlichkeit eine Investition mit maximaler Rendite und minimalem Risiko tätigen werden.

Einer der Schlüssel zur Risikominimierung? Reduzieren Sie Verluste sowohl bei Aktien als auch bei ETFs. Lassen Sie eine Investition nicht mit einem Verlust von mehr als 7 % oder 8 % sinken. Das ist die goldene Regel. Wenn Sie dies jedes Mal tun, verhindern Sie nicht nur, dass Sie emotional in eine Aktie investiert werden, sondern Sie sparen auch Ihr Kapital, um erneut zu handeln oder zu investieren.

Das ist es, was einen Ausbruch im Wesentlichen ausmacht. Eine Aktie legt nach einem guten Lauf eine Pause ein. Anstatt jedoch stark zu fallen, gibt er einen Teil seines vorherigen Anstiegs wieder ab. Es wird eine Basis gebildet. Der Markt ist stabil. Und dann bricht die Aktie irgendwann aus und erreicht schnell neue Höchststände.

Ein führender ETF kann Anleger auf ähnliche Weise belohnen. Nehmen wir den Global X Lithium ETF (LIT): Er bietet Anlegern ein erschwingliches Instrument, um in Unternehmen zu investieren, die von der wachsenden Nachfrage nach dem Metall profitieren, das in Hochleistungsbatterien verwendet wird, die Energie für Elektroautos und andere Maschinen speichern.

Im IBD Weekly für die Woche vom 11. Juli 2016 war LIT einer von 26 ETFs, die in einer Tabelle direkt unter dem ETF Leaders Index hervorgehoben wurden. Mit einem Wert von 88 hat sie eine der besten relativen Kursstärken in der Liste.

In der Zwischenzeit hätte Ihnen der Wochenchart von LIT geholfen, mehrere ausgezeichnete Kaufpunkte zu erkennen.

Die erste? Im Juli 2016 war das LIT bereit für eine Pause. Der Kurs war bereits von 17,03 zu Beginn des Jahres auf ein 52-Wochen-Hoch von 25,95 gestiegen, was einem Zuwachs von 52 % entsprach. Kein Wunder also, dass sich der ETF seit Monaten seitwärts bewegt.

Aber nach den US-Wahlen am 8. November war LIT bereit, zu rebellieren. Am Ende des Jahres hatte sie eine sechsmonatige Basis geschaffen. Nach dem Jahreswechsel brach LIT in der Woche zum 13. Januar aus, stieg um 4 % auf 26,08 und überschritt den Kaufkurs von 25,91. Der Kaufpunkt liegt 10 Cent über dem höchsten Kurs innerhalb des Handels.

Beachten Sie den Ansturm der Anleger auf die Aktien von Global X Lithium. Das Volumen stieg um 229 % gegenüber dem 10-Wochen-Durchschnitt und lag deutlich über dem der Vorwoche.

Diese Preis- und Volumenentwicklung war zinsbullisch. Für den erfahrenen ETF-Händler war dies ein deutlicher Hinweis darauf, dass die Marktteilnehmer - d. h. große Anlageberater, Hedge-Fonds, Banken, Pensionskassen, Universitätsfonds usw. - eifrig am Aufstocken waren.

Technik Nr. 3: Den richtigen Ausgang finden

Defensive Verkaufsregeln sind beim ETF-Handel ebenso wichtig.

In der IBD Weekly, die für die Woche vom 9. Januar dieses Jahres veröffentlicht wurde, stand der SPDR S&P Oil & Gas Equipment & Services (XES) an der Spitze der ETF-Leader-Tabelle. Der Fonds, der damals mit einem RS-Rating von 86 bewertet wurde, beendete den Handel am 6. Januar mit einem Wochengewinn von 6,1 % bei 23,72.

Die guten Zeiten im Januar waren für XES nicht von Dauer.

Nach ein paar Wochen Fahrt rutschte XES wie ein Gokart mit schmierigen Rädern nach unten. Vom 26. Januar bis zum 30. Januar fiel der Fonds in drei aufeinanderfolgenden Handelstagen um 1 % oder mehr und verlor bis zu 8,5 %. In dieser dritten Sitzung schloss der XES auch nur knapp unter seinem gleitenden 50-Tage-Durchschnitt bei 22,24.

Ist Ihnen aufgefallen, dass das Volumen an diesem dritten negativen Tag um 93 % über dem Durchschnitt lag?

XES versuchte, sich zu erholen. In drei der folgenden vier Sitzungen konnte der Kurs zulegen, kam aber nie auch nur annähernd wieder an sein 52-Wochen-Hoch heran. Als der börsengehandelte Fonds erneut stark über die 50-Tage-Linie fiel, war es an der Zeit zu verkaufen.

Am 17. August schloss XES um 12:96 Uhr und lag damit 42 % unter dem Schlusskurs vom 30. Januar.

8 ETF-Anlagestrategien zur Verbesserung Ihres Portfolios

Unabhängig davon, ob Sie einen passiven oder aktiven Anlageansatz suchen, bieten diese erschwinglichen und flexiblen Anlageinstrumente strategische Optionen, die für die meisten Anleger geeignet sind.

Im Folgenden finden Sie einige Möglichkeiten, wie Sie das Beste aus einem ETF-basierten Portfolio herausholen können.

Kluge Anleger halten sich über Anlagestrategien auf dem Laufenden, um ihre Erträge zu verbessern und Risiken zu verringern. Im Folgenden finden Sie einige ETF-Anlagestrategien, die Sie 2021/22 ausprobieren sollten, um Ihr Portfolio aufzufrischen und an den Wandel der Zeit anzupassen.

1. Passive Strategie

Da börsengehandelte Fonds einen Korb von Aktien halten, ist es einfach, ein diversifiziertes Portfolio zusammenzustellen, das auch ohne aktives Management den gesamten Weltmarkt widerspiegelt. Sie können einige wenige ETFs auswählen, die in ihrer Kombination die grundlegenden Asset-Allocation-Kategorien Small, Medium und Large Caps, Growth und Value, International und Emerging Markets sowie Anleihen abdecken. Sie können aber auch nur zwei Fonds auswählen, z. B. den Vanguard Total World Stock ETF (VT) und den Vanguard Total Bond Market ETF (BND), die den weltweiten Aktienmarkt bzw. den US-Rentenmarkt einschließlich aller Anlageklassen abbilden.

2. Durchschnittliche Kosten in Euro/Dollar

Euro/Dollar Cost Averaging ist eine langfristige Strategie, die für alle Arten von Anlagen, einschließlich ETFs, verwendet werden kann. Der Schlüssel dazu ist Beständigkeit. Das Prinzip besteht darin, dass Sie jede Woche oder jeden Monat zum gleichen Zeitpunkt den gleichen Geldbetrag investieren und Aktien zum jeweils aktuellen Kurs kaufen.

Wenn der Preis niedrig ist, erhalten Sie mehr Anteile für Ihr Geld. Wenn er höher ist, erhalten Sie weniger Aktien. Es ist eine Strategie, die Ihnen im Laufe der Zeit helfen wird, mehr zu kaufen, wenn es billig ist, und weniger, wenn es teuer ist, was der eigentliche Sinn von Investitionen ist.

3. Investitionen mit geringer Volatilität

Selbst wenn sich der Markt im Allgemeinen im Aufwärtstrend befindet, können manche Anleger dem täglichen Auf und Ab der Märkte nicht standhalten. Anlagen mit geringer Volatilität weisen in der Regel nicht die gleichen Kursschwankungen auf wie der Gesamtmarkt. Einige börsengehandelte Fonds verfügen über Wertpapiere, die speziell für eine niedrige Volatilität ausgewählt wurden, wie der iShares Edge MSCI Min Vol USA (USMV) ETF, während andere börsengehandelte Fonds eine Absicherungsstrategie anwenden, um die Volatilität zu minimieren, indem sie Wertpapiere halten, die sowohl in Aufwärts- als auch in Abwärtsmärkten tendenziell stabil sind.

4. Handelsstrategien

Wie Aktien können ETFs tagsüber an den großen Börsen gehandelt werden und versuchen, die Marktrenditen zu übertreffen. Beim Daytrading wird an einem einzigen Tag ein hohes Volumen sehr schnell gehandelt. Swing Trader hingegen nehmen eine etwas längere Position ein, von ein paar Tagen bis zu einer Woche oder mehr. Händler nutzen die technische Analyse, indem sie vergangene Kurse, Trends und Diagramme beobachten, oder sie nutzen die Fundamentalanalyse, z. B. Börsennachrichten oder die Verwendung von Wirtschafts- und Finanzdaten, um den inneren Wert der Anlage zu ermitteln. Berücksichtigen Sie bei kurzfristigen Geschäften immer die Transaktionskosten und machen Sie sich die vielen damit verbundenen Risiken bewusst, bevor Sie sich darauf einlassen.

5. Sektorale Strategie

Einer der großen Vorteile von ETFs ist ihre einzigartige Fähigkeit, in ganze Wirtschaftssektoren zu investieren, die Potenzial aufweisen. Das Risiko bei einer Sektorstrategie besteht darin, dass einige Unternehmen des Sektors besser abschneiden als andere. ETFs können Ihnen jedoch helfen, sich abzusichern, indem Sie in viele Unternehmen desselben Sektors investieren können. Sie könnten beispielsweise einen ETF wählen, der nur Aktien aus dem Gesundheitswesen enthält, oder einen, der nur in Finanzdienstleistungsunternehmen investiert. Sektorinvestoren können auch Leerverkäufe tätigen, wenn sie glauben, dass ein bestimmter Sektor kurz vor einem Rückgang steht.

6. Anleihen-ETFs zur Einkommensgenerierung

Anleger, die kurz vor dem Ruhestand stehen, suchen oft nach einer Strategie, die Erträge ohne großes Risiko bringt. Anleihen-ETFs können diesen Zweck gut erfüllen. Sie können mehrere ETFs kaufen, die jeweils eine andere Art von Anleihen enthalten, z. B. langfristige oder kurzfristige Staatsanleihen, Unternehmensanleihen oder kommunale Anleihen. Sie können sich auch für einen einzigen ETF entscheiden, der alle diese Arten von Anleihen umfasst. Fügen Sie einen renditestarken Aktien-Dividendenfonds hinzu, und Sie erstellen ein diversifiziertes Portfolio aus ertragsstarken ETFs. Halten Sie sich nur von den risikoreicheren, so genannten Junk Bonds fern, die eine hohe Volatilität aufweisen.

7. Gehebelte Handelsstrategie

Gehebelte und inverse börsengehandelte Fonds bieten die Möglichkeit, mit Finanzderivaten und Schuldtiteln hohe Renditen zu erzielen, aber wie bei jeder spekulativen Strategie können sie auch hohe Verluste verursachen. Der ProShares Ultra Standard & Poor's 500 Index ETF bietet zum Beispiel die doppelte tägliche Rendite des S&P 500. Es ist schön, wenn der Index steigt, aber auch negative Renditen werden verdoppelt, so dass ein Rückgang des Index um 1 Prozent zu einem Rückgang Ihrer Anlage um 2 Prozent führt. Kombiniert man dieses Risiko mit den typischerweise hohen Verwaltungsgebühren, sind diese volatilen Anlagen nichts für schwache Nerven.

8. Robo-Advisor Strategie

Für manche Anleger ist dieser Ansatz, der auf dem Prinzip "Setzen und Vergessen" beruht, durchaus sinnvoll. Ein Robo-Advisor ist ein Programm, das Ihr Geld auf der Grundlage von Computeralgorithmen verwaltet, die je nach Ihren Zielen und Ihrer Risikotoleranz angepasst werden. Die meisten Robo-Advisors verwenden ein Portfolio, das sich aus einem diversifizierten Pool von ETFs zusammensetzt, reinvestieren die Dividenden und gleichen das Portfolio so aus, dass es mit den empfohlenen Quoten übereinstimmt.

Die Provisionen sind im Allgemeinen niedrig, weil alles automatisiert ist. Schwab Intelligent Portfolios zum Beispiel erhebt keine Verwaltungsgebühren, verlangt aber eine Mindestanlage von 5.000 €. Das Basisangebot von WiseBanyan ist kostenlos und erfordert eine Mindestanlage von nur 1 €.

Für welche ETF-Anlagestrategie Sie sich auch entscheiden, stellen Sie sicher, dass Sie die Risiken und die anfallenden Gebühren kennen. Nicht alle

ETF-Strategien sind für jeden geeignet, insbesondere wenn Sie sich für Investitionen für Anfänger interessieren.

Schauen wir uns andere Methoden an

Diese Anlagestrategien können Ihnen helfen, Ihre Anlagevorstellungen effizient umzusetzen und die Portfolioperformance zu maximieren. Jede Strategie wird auf der Grundlage des Anlagebedarfs vorgestellt und soll eine reale Veranschaulichung der bestehenden Möglichkeiten sein.

Smart Beta oder faktorbasiertes Investieren ist zu einem Schlagwort in der Branche geworden, wird aber bereits seit den 1970er Jahren von institutionellen Anlegern als Strategie eingesetzt. Sie ist definiert als jede Gewichtungsmethode, die einen bestimmten Faktor bevorzugt. Die Methoden reichen von regelbasierten Strategien, die auf bestimmte Faktoren wie Volatilität oder Dividenden setzen. Smart-Beta-Lösungen bieten die Flexibilität, in Faktoren zu investieren, die gezielte Engagements und potenzielle langfristige Outperformance bieten.

Die Smart-Beta-Suite von BMO ETF bietet ein Marktengagement mit einer sorgfältigen Portfoliokonstruktion, die als Master-Portfoliobestand implementiert werden kann. Die überlegenen Smart-Beta-Lösungen von BMO ETF bieten die richtigen Faktorengagements zur Unterstützung einer effektiven Portfoliokonstruktion. Erfahren Sie mehr über die Smart-Beta-Strategien von BMO ETFs:

- Geringe Volatilität
- Qualität
- Dividende
- Gleiches Gewicht

Risikoarmes Ziel und breites Marktengagement

Die Abwägung zwischen Risiko und Rendite steht nach wie vor im Mittelpunkt der Portfoliokonstruktion und -anlage. Insbesondere seit dem Marktabschwung von 2008 sind sich die Anleger des Risikos und der Rendite ihres Portfolios stärker bewusst geworden. Sie fragen sich, wie hoch das Risiko in ihrem Portfolio ist und wie es sich auf ihre Rendite auswirken wird. Mit unserer Low-Volatility-Strategie können Anleger ein geringeres spezifisches Portfoliorisiko anstreben als der allgemeine Markt.

Die Geschichte hat gezeigt, dass weniger volatile oder defensive Aktien langfristig besser abgeschnitten haben als der breite Markt, da weniger volatile Aktien von einem geringeren Rückgang bei Marktkorrekturen profitieren können, während sie bei Marktaufschwüngen weiter steigen. Darüber hinaus sind Aktien mit geringer Volatilität in der Regel reifer und weisen eine höhere Dividendenrendite auf. Im Gegensatz dazu schneiden Aktien mit höherer Volatilität im Laufe der Zeit schlechter ab, da die Anleger bereit sind, eine Prämie für "Lotterielose" zu zahlen, d. h. für risikoreiche und renditestarke Wertpapiere, die häufig die Erwartungen nicht erfüllen. Die Anleger haben sich von diesen Wertpapieren angezogen gefühlt, da sie die großen kurzfristigen Gewinner den langfristig stabilen Wertpapieren vorziehen.

Bei der Entwicklung der Low-Volatility-Strategie konzentrieren wir uns auf das Beta eines Wertpapiers. Beta ist definiert als die Empfindlichkeit des Wertpapiers gegenüber den Bewegungen des breiten Marktes, wobei dem breiten Markt ein Wert von 1,00 zugewiesen wird. Ein niedrigeres Beta, d. h. ein Beta von weniger als 1,00, wird als weniger riskant als der breite Markt angesehen. Beta ist ein intelligenteres Instrument zur Portfoliokonstruktion als die Standardabweichung (die Volatilität der Aktie im Verhältnis zu sich selbst), da es die Anleger besser vor großen Marktereignissen schützt. Wie die folgenden Grafiken zeigen, schnitt die Strategie mit niedriger Volatilität über längere Zeiträume besser ab als der breite Markt. Die Strategie ist während der starken Korrektur im Jahr 2008 weniger stark gefallen als der breite Markt. Aus diesen Gründen kann die BMO Low-Volatility-Strategie als langfristiges Hauptinvestment oder als freie Aktienanlage eingesetzt werden.

BMO Exchange Traded Funds

Einer der attraktivsten Smart-Beta-Faktoren ist das Qualitätsinvestment. Die qualitätsorientierte Anlagepolitik zielt darauf ab, marktführende Unternehmen zu identifizieren, die Zugang zu langfristigen Branchenführern mit nachhaltigen Geschäftsmodellen und wachsenden Wettbewerbsvorteilen bieten. Diese Qualitätsunternehmen haben sich in der Vergangenheit bei geringerer Volatilität besser entwickelt als der breite Markt. Qualitätsunternehmen sind so positioniert, dass sie sowohl auf positive Marktbedingungen reagieren als auch bei Marktabschwüngen Unterstützung bieten können.

Die BMO-Qualitäts-ETFs bieten einen innovativen Investmentansatz, indem sie Unternehmen mit hohen Qualitätsbewertungen auf der Grundlage von drei Schlüsselvariablen auswählen: hohe Kapitalrendite, stabiles Ertragswachstum und geringe Verschuldung.

Hohe Eigenkapitalrendite: deutet auf ein Unternehmen mit nachhaltigen Wettbewerbsvorteilen, effizientem Betrieb und Rentabilität hin.

Stabiles Gewinnwachstum: Zeigt die Dauerhaftigkeit und Stabilität des Geschäftsmodells eines Unternehmens.

Geringe Hebelwirkung: Bestimmt, ob die Renditen auf Grundgeschäften beruhen und schützt vor Verlusten.

Jede Variable für sich genommen ist nicht unbedingt ein Indikator für ein Qualitätsunternehmen. Eine hohe Eigenkapitalrendite könnte zum Beispiel ein anormaler Spitzenwert zu einem bestimmten Zeitpunkt oder das Ergebnis einer hohen Verschuldung sein. Die Kombination der drei Variablen ermöglicht eine genauere Bewertung. Die Methodik zielt nicht nur darauf ab, die Performance von Unternehmen mit hoher Qualität zu erfassen, sondern auch eine angemessen hohe Handelsliquidität und einen moderaten Aktienumschlag zu gewährleisten und gleichzeitig erschwinglich zu bleiben. Die qualitativ hochwertigen BMO-ETFs sind als fundamentale Aktienoption konzipiert, die über den gesamten Marktzyklus hinweg ein effektives Exposure bietet.

- **Hohe Kapitalrendite:** Unternehmen, die das Kapital gut einsetzen

- **Geringe Hebelwirkung:** Schutz vor Verlusten, Renditen auf Basis der zugrunde liegenden Transaktionen
- **Stabiles Ertragswachstum:** Unternehmen, die ein kontinuierliches Wachstum verzeichnen

Nicht alle Dividendenstrategien sind gleich. Die Dividendenstrategie von BMO ETF ist eine maßgeschneiderte Lösung, die hohe Rendite mit nachhaltigem Wachstum kombiniert. Er ermittelt die renditestärksten Dividendentitel, indem er sowohl die historische Dividendenwachstumsrate als auch die Nachhaltigkeit der Dividenden untersucht. Das Ergebnis ist eine Reihe von Dividenden-ETFs, die für Anleger, die eine Portfoliodiversifizierung und höhere Erträge anstreben, wichtige Einkommenslösungen darstellen.

Im Gegensatz zu anderen Dividendenstrategien, die sich nur auf die Rendite konzentrieren, steht bei der BMO ETF Dividendenstrategie die Nachhaltigkeit im Vordergrund. Der erste Bildschirm der BMO ETF-Dividendenstrategie ist die dreijährige Dividendenwachstumsrate. Der zweite Bildschirm ist die Fünfjahresanalyse des Dividendenverhältnisses. Die Entscheidung, sich auf die dreijährige Dividendenwachstumsrate und die fünfjährige Dividendenausschüttungsquote zu konzentrieren, ist eine bewusste Entscheidung: Diese Indikatoren sind empfindlich genug, um veränderte Geschäftsbedingungen zu messen, reagieren aber nicht übermäßig auf kurzfristige Anomalien. Sie haben auch den zusätzlichen Vorteil, dass sie den Gesamtumschlag des Portfolios verringern.

Die dreijährige Dividendenwachstumsrate veranschaulicht die Bereitschaft eines Unternehmens, Dividenden zu zahlen und diese im Laufe der Zeit zu erhöhen. Etwas, das bei einer rein ertragsorientierten Maßnahme fehlen könnte. In ähnlicher Weise wird bei der Prüfung der Nachhaltigkeit der Dividendenausschüttungsquote über die letzten fünf Jahre die Bilanz im Zeitverlauf und nicht nur zu einem bestimmten Zeitpunkt überwacht. Er misst die Fähigkeit eines Unternehmens, Dividenden zu zahlen.

Die Analyse wird für das jüngste Jahr gewichtet, wobei auch die vorausschauenden Erwartungen für die Ausschüttungsquote berücksichtigt werden. Auch die Volatilität der Dividendenausschüttungsquote ist von Bedeutung. Sie wird im Allgemeinen von der Ertragsvolatilität beeinflusst, da die Dividendenausschüttungen stabiler sind. Eine höhere Volatilität führt zu einer höheren Wahrscheinlichkeit, dass die Aktie ausgeschlossen wird.

Die Dividendenstrategie von BMO ETF berücksichtigt auch ein Aktienrückkaufprogramm. Dies ist eine steuereffiziente Methode, um überschüssige Barmittel in der Bilanz auszuschütten, da sie den Aktionären kein Einkommen verschaffen. Stattdessen wird ein Aufwärtsdruck auf die Kurse erzeugt, der den Streubesitz der ausstehenden Aktien verringert.

1. Bewertet die Bereitschaft zur Zahlung von Dividenden
2. Misst die Fähigkeit zur Dividendenausschüttung
3. Bewertung über einen längeren Zeitraum
4. Weitere zukunftsweisende Maßnahmen
5. Auch unter Berücksichtigung der Volatilität

Die Gleichgewichtung ist ein leistungsfähiges Instrument, um die Aktienkonzentration abzuschwächen und das Branchenengagement wirksam zu diversifizieren. Vor allem die Sektoren weisen eine viel höhere Konzentration auf als die europäischen oder globalen Märkte. Eine Strategie der Gleichgewichtung kann Verzerrungen beseitigen, die unbeabsichtigt durch die Gewichtung der Marktkapitalisierung entstehen, und kann ein reineres Sektor- oder Marktengagement bieten.

Die gleichgewichtige Strategie der BMO ETFs ist für konzentrierte Engagements geeignet. Zu bestimmten Zeiten sind die Märkte möglicherweise nicht vollständig effizient und die Strategie kann dazu beitragen, Vermögensblasen zu vermeiden.

Warum gleiche Gewichtung sinnvoll ist

Durch die Übergewichtung von Unternehmen mit geringer Marktkapitalisierung und die Untergewichtung von Unternehmen mit hoher Marktkapitalisierung bietet die Strategie zusätzliches Wachstumspotenzial für Aktien mit geringer Marktkapitalisierung.

Bei der Neugewichtung werden die Aktien, die sich am besten entwickelt haben, wieder gleichgewichtet, so dass ein Value Bias entsteht, der darauf abzielt, das künftige Wachstum der Aktien, die sich am schlechtesten entwickelt haben, zu nutzen.

Sowohl Small-Cap- als auch Value-Anlagen haben sich in der Vergangenheit als langfristig ertragreich erwiesen. Ein wichtiger Bestandteil der Strategie ist die Kontrolle des Portfolioumschlags, der durch eine halbjährliche Neugewichtung erreicht wird. Dies führt zu einem Umsatz, der mit den Strategien zur Marktkapitalisierung vergleichbar ist.

Risikoarmes Ziel und breites Marktengagement

Die Abwägung zwischen Risiko und Rendite steht nach wie vor im Mittelpunkt der Portfoliokonstruktion und -anlage. Insbesondere seit dem Marktabschwung von 2008 sind sich die Anleger des Risikos und der Rendite ihres Portfolios stärker bewusst geworden. Sie fragen sich, wie hoch das Risiko in ihrem Portfolio ist und wie es sich auf ihre Rendite auswirken wird. Mit unserer Low-Volatility-Strategie können Anleger ein geringeres spezifisches Portfoliorisiko anstreben als der allgemeine Markt.

Die Geschichte hat gezeigt, dass weniger volatile oder defensive Aktien langfristig besser abgeschnitten haben als der breite Markt, da weniger volatile Aktien von einem geringeren Rückgang bei Marktkorrekturen profitieren können, während sie bei Marktaufschwüngen weiter steigen. Darüber hinaus sind Aktien mit geringer Volatilität in der Regel reifer und weisen eine höhere Dividendenrendite auf. Im Gegensatz dazu schneiden Aktien mit höherer Volatilität im Laufe der Zeit schlechter ab, da die Anleger bereit sind, eine Prämie für "Lotterielose" zu zahlen, d. h. für risikoreiche und renditestarke Wertpapiere, die häufig die Erwartungen nicht erfüllen. Die Anleger haben sich von diesen Wertpapieren angezogen gefühlt, da sie die großen kurzfristigen Gewinner den langfristig stabilen Wertpapieren vorziehen.

Bei der Entwicklung der Low-Volatility-Strategie konzentrieren wir uns auf das Beta eines Wertpapiers. Beta ist definiert als die Empfindlichkeit des Wertpapiers gegenüber den Bewegungen des breiten Marktes, wobei dem breiten Markt ein Wert von 1,00 zugewiesen wird. Ein niedrigeres Beta, d. h. ein Beta von weniger als 1,00, wird als weniger riskant als der breite Markt angesehen. Beta ist ein intelligenteres Instrument zur Portfoliokonstruktion als die Standardabweichung (die Volatilität des Wertpapiers im Verhältnis zu sich selbst), da es die Anleger besser vor großen Marktereignissen schützt. Die Strategie mit niedriger Volatilität übertraf den breiten Markt über längere Zeiträume. Die Strategie ist während der starken Korrektur 2008 weniger stark gefallen als der breite Markt. Aus diesen Gründen kann die BMO

Low-Volatility-Strategie als langfristiges Kerninvestment oder als freie Aktienanlage genutzt werden.

Einer der attraktivsten Smart-Beta-Faktoren ist das Qualitätsinvestment. Die qualitätsorientierte Anlagepolitik zielt darauf ab, marktführende Unternehmen zu identifizieren, die Zugang zu langfristigen Branchenführern mit nachhaltigen Geschäftsmodellen und wachsenden Wettbewerbsvorteilen bieten. Diese Qualitätsunternehmen haben sich in der Vergangenheit bei geringerer Volatilität besser entwickelt als der breite Markt. Qualitätsunternehmen sind so positioniert, dass sie sowohl auf positive Marktbedingungen reagieren als auch bei Marktrückgängen Unterstützung bieten können.

Die BMO-Qualitäts-ETFs bieten einen innovativen Investmentansatz, indem sie Unternehmen mit hohen Qualitätsbewertungen auf der Grundlage von drei Schlüsselvariablen auswählen: hohe Kapitalrendite, stabiles Ertragswachstum und geringe Verschuldung.

Hohe Eigenkapitalrendite: deutet auf ein Unternehmen mit nachhaltigen Wettbewerbsvorteilen, effizientem Betrieb und Rentabilität hin.

Stabiles Gewinnwachstum: Zeigt die Dauerhaftigkeit und Stabilität des Geschäftsmodells eines Unternehmens.

Geringe Hebelwirkung: Bestimmt, ob die Renditen auf Grundgeschäften beruhen und schützt vor Verlusten.

Jede Variable für sich genommen ist nicht unbedingt ein Indikator für ein Qualitätsunternehmen. Eine hohe Eigenkapitalrendite könnte zum Beispiel ein anormaler Spitzenwert zu einem bestimmten Zeitpunkt oder das Ergebnis einer hohen Fremdfinanzierung sein. Die Kombination der drei Variablen ermöglicht eine genauere Bewertung. Die Methodik zielt nicht nur darauf ab, die Performance von Qualitätsunternehmen zu erfassen, sondern auch eine angemessen hohe Handelsliquidität und einen moderaten Aktienumschlag zu gewährleisten und gleichzeitig erschwinglich zu bleiben. Die qualitativ hochwertigen BMO-ETFs sind als fundamentale Aktienoption konzipiert, die über den gesamten Marktzyklus hinweg ein effektives Exposure bietet.

- **Hohe Kapitalrendite:** Unternehmen, die das Kapital gut einsetzen
- **Geringe Hebelwirkung:** Schutz vor Verlusten, Renditen auf Basis der zugrunde liegenden Transaktionen

- **Stabiles Ertragswachstum:** Unternehmen, die ein kontinuierliches Wachstum verzeichnen

Nicht alle Dividendenstrategien sind gleich. Die Dividendenstrategie von BMO ETF ist eine maßgeschneiderte Lösung, die hohe Rendite mit nachhaltigem Wachstum kombiniert. Er ermittelt die renditestärksten Dividendentitel, indem er sowohl die historische Dividendenwachstumsrate als auch die Nachhaltigkeit der Dividenden untersucht. Das Ergebnis ist eine Reihe von Dividenden-ETFs, die für Anleger, die eine Portfoliodiversifizierung und höhere Erträge anstreben, wichtige Einkommenslösungen darstellen.

Im Gegensatz zu anderen Dividendenstrategien, die sich nur auf die Rendite konzentrieren, steht bei der Dividendenstrategie von BMO ETFs die Nachhaltigkeit im Vordergrund.

Die dreijährige Dividendenwachstumsrate veranschaulicht die Bereitschaft eines Unternehmens, Dividenden zu zahlen und diese im Laufe der Zeit zu erhöhen. Etwas, das bei einer rein ertragsorientierten Maßnahme fehlen könnte. In ähnlicher Weise wird bei der Prüfung der Nachhaltigkeit der Dividendenausschüttungsquote über die letzten fünf Jahre die Bilanz im Zeitverlauf und nicht nur zu einem bestimmten Zeitpunkt überwacht. Er misst die Fähigkeit eines Unternehmens, Dividenden zu zahlen.

Die Analyse wird für das jüngste Jahr gewichtet, wobei auch die vorausschauenden Erwartungen für die Dividendenausschüttungsquote berücksichtigt werden. Auch die Volatilität der Dividendenausschüttungsquote ist von Bedeutung. Sie wird im Allgemeinen von der Ertragsvolatilität beeinflusst, da die Dividendenausschüttungen stabiler sind. Eine höhere Volatilität führt zu einer höheren Wahrscheinlichkeit, dass die Aktie ausgeschlossen wird.

Vermögensbildung mit etfs - Ein Blick in die Praxis

Mit börsengehandelten Fonds können Sie durch Kapitalgewinne und Dividenden Geld verdienen. Die Kurse der ETF-Anteile können steigen, wodurch der Wert des Fonds steigt. Darüber hinaus zahlen einige ETFs Ausschüttungen, die als Dividenden oder Barzahlungen an die Anleger bekannt sind.

Stellen Sie sich vor, Sie investieren mit einem Klick in ein gut diversifiziertes Portfolio. Sie verdienen Geld mit börsengehandelten Fonds und es könnte nicht einfacher sein.

Börsengehandelte Fonds sind wahrscheinlich die einfachste Möglichkeit für Anleger, Vermögen zu schaffen.

Zum Glück für Sie zeige ich Ihnen, wie Sie mit ETFs Geld verdienen können. Ich zeige Ihnen, wie Sie an Ihr Geld kommen, einige der besten ETFs und mache den Prozess einfach. Investieren muss nicht kompliziert sein, und ETFs sind ideal für Anfänger.

Es ist möglich, mit börsengehandelten Fonds Geld zu verdienen. ETFs sind Wertpapiere, die wie Aktien an der Börse gehandelt werden, aber stärker diversifiziert sind als einzelne Aktien. Mit einem ETF ist es einfacher, Geld zu verdienen, weil man nicht von der Entwicklung einer Aktie abhängig ist.

Sie können es als eine Möglichkeit betrachten, das Rätselraten beim Investieren abzuschaffen. Ich nehme an, niemand von uns hat in der Schule gelernt, wie man einzelne Unternehmen auswählt, in die man investiert. Börsengehandelte Fonds investieren in mehrere Aktien, um ein bestimmtes Fondsziel zu erreichen.

Wenn Sie sich für ein einzelnes Wertpapier entscheiden, hängt Ihre Performance von der Entwicklung der einzelnen Wertpapiere ab. Ihr Portfolio wird nicht durch die Auswahl einer einzigen Aktie diversifiziert. Ein paar Skandale könnten den Aktienkurs morgen fallen lassen, und Ihr Portfolio würde darunter leiden.

Börsengehandelte Fonds diversifizieren den Prozess, so dass Sie nicht darüber nachdenken müssen. Sie kaufen einen börsengehandelten Fonds, hinter dem ein Haufen großer Unternehmen steht. Wenn ein Unternehmen im Fonds von schlechten Nachrichten betroffen wäre, würden Sie das kaum bemerken, weil Sie andere große Unternehmen besitzen.

Daher ist es einfacher, große Fonds wie den S&P 500 zu kaufen, bei denen man weiß, dass man in große, hochwertige Unternehmen investiert. Wenn Sie den S&P 500 kaufen, erhalten Sie Zugang zu den 500 größten Unternehmen in den USA. Wenn es den Top-500-Unternehmen gut geht, wird es auch Ihnen gut gehen. Wenn die Top-500-Unternehmen schlecht abschneiden, was sehr selten ist, werden auch Sie schlecht abschneiden.

Die beiden Möglichkeiten, mit denen börsengehandelte Fonds Geld verdienen, sind Kapitalgewinne und Dividendenzahlungen. Der Aktienkurs kann im Laufe der Zeit steigen oder fallen, oder Sie können eine Barzahlung erhalten. Durch den Zinseszinseffekt verdienen die Anleger je nach Höhe des investierten Geldes mehr.

Bei den Kapitalgewinnen handelt es sich lediglich um Kursteigerungen oder -senkungen von Aktien. Sie können zum Beispiel einen börsengehandelten Fonds für 100 € kaufen und ihn nächste Woche für 120 € verkaufen. Sie haben 20 € an Kapitalgewinnen erzielt.

Die meisten Anleger streben nach Kapitalgewinnen. Sie investieren in Unternehmen oder börsengehandelte Fonds, von denen sie glauben, dass der Kurs im Laufe der Zeit steigen kann.

Einige börsengehandelte Fonds zahlen auch eine Dividende. Eine Dividende ist eine Barauszahlung an die Anleger für das Halten der Aktie. Einige Anleger konzentrieren sich auf Fonds, die Dividenden ausschütten, und werden als Einkommensanleger bezeichnet.

Wichtig ist jedoch, dass Sie Ihre Investitionen aufbauen. Je mehr Geld Sie investiert haben, desto mehr Geld können Sie an Rendite erzielen.

Sie können zum Beispiel 10.000 € in den S&P 500 investieren, aber eine Rendite von 10 % beträgt nur 1.000 €. Aber stellen Sie sich vor, Sie haben 100.000 € oder sogar 1.000.000 € investiert. Sie erwirtschaften jetzt 10.000 € oder 100.000 € mit einer Rendite von 10 %.

Die Anleger müssen sich darüber im Klaren sein, dass der Aktienmarkt traditionell mit der Zeit steigt. Daher sind Ihre Chancen, am Aktienmarkt Geld zu verdienen, größer, wenn Sie ein "Buy-and-hold"-Investor sind. Mit anderen Worten: Sie handeln Ihre Aktien nicht aktiv und haben die Absicht, sie über Jahre hinweg zu halten.

Sind ETFs für Anfänger geeignet?

Die Investition in den Aktienmarkt ist ideal für Erstanleger, da ETFs das Risiko durch Diversifizierung steuern. ETF-Investitionen bieten einen einfachen "Buy-and-Hold"-Investitionsstil, bei dem sich Anfänger nicht mit dem Aktienmarkt befassen müssen. Anfänger können einfach Monat für Monat kaufen, ohne sich Gedanken über ihre Investitionen machen zu müssen.

Die meisten börsengehandelten Fonds sind sehr vielfältig. Im Gegensatz zur Auswahl von Einzelaktien setzen sich börsengehandelte Fonds aus mehreren, wenn nicht gar Hunderten oder Tausenden von Aktien zusammen. Durch den Kauf eines einzigen ETF sind Sie also mehreren Aktien ausgesetzt.

Wenn Sie beispielsweise einen einzigen Anteil von VOO kaufen, investieren Sie Ihr Geld in den S&P 500. Der S&P 500 besteht aus den 500 wichtigsten Aktien in den Vereinigten Staaten. Mit dem börsengehandelten Fonds habe ich Zugang zu den 500 wichtigsten Aktien, ohne jede einzelne Aktie kaufen zu müssen.

Was ich an börsengehandelten Fonds am meisten schätze, ist ihre Einfachheit. Sie sollten immer wissen, in was Sie investieren, bevor Sie in einen börsengehandelten Fonds investieren. Die börsengehandelten Fonds vereinfachen jedoch alles.

Jeder börsengehandelte Fonds hat ein Ziel. Es ist wichtig, dass Sie das Ziel eines jeden Fonds verstehen, bevor Sie investieren. Handelt es sich bei dem Fonds beispielsweise um einen Einkommens- oder einen Wachstumsfonds?

Die meisten Anleger beginnen jedoch mit einem so einfachen Fonds wie dem S&P 500. Für viele Anleger reicht der S&P 500 für den Einstieg aus.

Sobald Sie sich für eine Kerngruppe von börsengehandelten Fonds entschieden haben, müssen Sie nur noch kaufen. Sie müssen nicht mit dem neuesten Unternehmen mithalten. Sie wissen bei jeder Investition, in welche ETFs Sie investieren werden.

Es ist so einfach wie zu sagen, ich habe 500 € zu investieren, also kaufe ich 500 € des S&P 500.

Wie Sie sehen können, ist es möglich, mit börsengehandelten Fonds Geld zu verdienen. Tatsächlich bauen viele Menschen tagtäglich Vermögen auf, indem sie einfach ETFs kaufen. Börsengehandelte Fonds werden wie Aktien gehandelt, sind aber breiter gestreut und nehmen dem Anleger das Rätselraten ab.

Erträge aus börsengehandelten Fonds durch Kapitalgewinne oder Dividenden. Die meisten Anleger streben einen Anstieg der Aktienkurse an, der als Kapitalgewinn bezeichnet wird. Einige Anleger sind jedoch auf Barzahlungen, die so genannten Dividenden, aus.

Je mehr Geld Sie investiert haben, desto einfacher ist es für Sie, Geld zu verdienen. Compound Returns entstehen, wenn Ihr Geld Ihnen mehr Geld einbringt. Zum Beispiel verdienen Sie mit 1.000.000 € mehr als mit 10.000 €.

3 unaufhaltsame ETFs, die Sie reich machen können

Börsengehandelte Fonds waren noch nie so attraktiv wie heute. Die Anleger fließen in Rekordhöhe in börsengehandelte Fonds, die wie Investmentfonds Wertpapierkörbe halten, aber wie Aktien gehandelt werden. In der ersten Hälfte des Jahres 2021 floss fast so viel neues Geld in ETFs wie im gesamten Jahr 2020, das an sich schon ein Rekordjahr für Zuflüsse war. Das Tempo reduzierte den bisherigen Rekord um tausend Stück.

In dieser Ära der in die Höhe schießenden "Meme"-Aktien ist es bemerkenswert, dass ein Großteil der neuen ETF-Gelder sinnvollerweise in "breit diversifizierte Produkte" wie S&P 500-Indexfonds fließt, sagt Todd Rosenbluth, Leiter der ETF-Forschung beim Wall Street-Unternehmen CFRA. Die Anleger nutzen diese ETFs als primäre Portfoliowertpapiere; sie steigern die Rendite mit sektoralen oder thematischen ETFs. Das Interesse ist breit gefächert: Privatpersonen, Berater und Institutionen kaufen alle ETFs.

Ein Teil der Attraktivität ergibt sich wie immer aus der Funktionsweise dieser Fonds. Im Vergleich zu Investmentfonds erheben ETFs niedrigere jährliche Gebühren. Außerdem gibt es keinen Mindestanlagebetrag und sie werden wie Aktien gehandelt, d. h. Sie können Aktien während des Tages kaufen und verkaufen, auf Marge kaufen und sogar leerverkaufen. Und da sie weniger Kapitalgewinne an die Anteilseigner ausschütten als Investmentfonds, sind ETFs tendenziell steuereffizienter (mehr dazu später). Aber auch neue Anlagetrends, wie die wachsende Bedeutung von Umwelt-, Sozial- und Corporate-Governance-Belangen und die zunehmende Zahl aktiv verwalteter und spezialisierter ETF, lassen das Interesse an diesen Fonds steigen.

In diesem Zusammenhang haben wir unseren jährlichen Überblick über den ETF-Sektor und die Kiplinger ETF 20 , die Liste unserer bevorzugten börsengehandelten Fonds, durchgeführt (und einige Änderungen vorgenommen).

Trends setzen

ETFs sind nicht mehr nur eine Beilage. Für viele Anleger, vor allem für diejenigen zwischen 25 und 39 Jahren, sind sie die Hauptstütze. Laut der jüngsten jährlichen ETF-Anlegerstudie von Charles Schwab machen diese Fonds inzwischen fast ein Drittel der Portfolios von Millennial-Anlegern aus.

Mit Blick auf die Zukunft gaben fast 70 % der Millennial-Anleger, die in den letzten zwei Jahren einen ETF gekauft oder verkauft haben, an, dass sie glauben, dass diese Fonds eine Hauptanlageform in ihrem Portfolio sein werden. Nur 30 % der Anleger im Alter von 56 bis 74 Jahren, die einen ETF hielten, teilten diese Ansicht, aber auch das ändert sich. Die größere Akzeptanz in Verbindung mit innovativen neuen Fonds macht ETFs auch für ältere Anleger attraktiver. Und neue Entwicklungen locken Investoren aller Art in den explosiven ETF-Sektor.

Anleiheinvestoren setzen auf ETFs. Die Anleger, auch in Europa, kaufen zunehmend börsengehandelte Anleihen anstelle von Anleihefonds und einzelnen Anleihen. Im vergangenen Jahr kaufte die Federal Reserve Anteile an 16 ETFs für Unternehmensanleihen, um den Markt für festverzinsliche Wertpapiere zu stützen. Dem letzten Bericht zufolge hatten die ETF-Bestände der Regierung einen Marktwert von 8,6 Milliarden Euro.

Im Jahr 2020 sammelten Anleihe-ETFs zum zweiten Mal in Folge mehr Geld ein - 186,4 Milliarden Euro - als Aktien-ETFs. "Während wir uns mit COVID-19 auseinandersetzten, wurden Anleihe-ETFs aufgrund ihrer Liquidität zu einem bevorzugten Vehikel für Anleger", sagt Rosenbluth von CFRA und verweist auf die Leichtigkeit, mit der Aktionäre ETF-Anteile kaufen und verkaufen können. "Diese Anleihen-ETFs sind auch im Jahr 2021 noch gefragt, obwohl Aktienprodukte beliebter geworden sind."

Sie ziehen ein ESG-Publikum an. Im Jahr 2020 haben die Pandemie, die Sorge um den Klimawandel und die Bewegung für Rassengerechtigkeit das ohnehin schon große Interesse an ESG-Fonds verstärkt, die sich auf Unternehmen konzentrieren, die bestimmte ökologische, soziale und Corporate-Governance-Maßnahmen erfüllen.

Die Zuflüsse in Publikumsfonds und ETFs, die auf ESG- und nachhaltigkeitsorientierte Faktoren setzen, haben sich im Jahr 2020 gegenüber dem Vorjahr auf 51 Milliarden Euro mehr als verdoppelt. Der größte Teil dieser neuen Gelder (fast 34 Mrd. EUR) wurde von ETFs absorbiert. Natürlich ist eine Fülle neuer ESG-Fonds entstanden, um die Nachfrage zu befriedigen. In den letzten 18 Monaten wurden fast 50 neue ETFs mit Schwerpunkt auf ESG oder Nachhaltigkeit aufgelegt.

Für jedes Thema gibt es einen ETF. Thematische ETFs bieten Anlegern die Möglichkeit, in langfristige Trends zu investieren, die die Art und Weise, wie wir leben und arbeiten, verändern werden. Sie können zum Beispiel aus Fonds wählen, die sich auf Online-Shopping, maschinelles Lernen und Robotik oder Genetik und Immunologie konzentrieren. Gelegentlich kommt ein neuer Fonds auf den Markt, der dem Zeitgeist entspricht und noch mehr Nischencharakter hat.

Die Pandemie-Blockade hat zum Beispiel eine Reihe von Fonds für die Arbeit von zu Hause aus geschaffen. Sogar muntere Meme-Schlagzeilen haben ihren Tag mit dem FOMO-ETF (für "fear of missing the boat"). In anderen Fällen, so Johnson, "spiegeln die Themen wider, wohin sich die Wirtschaft entwickeln könnte". Seit April wurden eine Reihe von börsengehandelten Fonds mit Schwerpunkt auf Hotels, Restaurants, Fluggesellschaften und Kreuzfahrten aufgelegt, um auf die sich erholende Wirtschaft zu setzen.

Diese Fonds sind beliebt, aber sie können schwanken und manche überleben nicht lange. Der Obesity ETF, der in Unternehmen investierte, die sich auf die Bekämpfung von Fettleibigkeit konzentrierten, wurde 2016 eröffnet, aber Anfang dieses Jahres geschlossen.

Einige nutzen Hedgefonds-Strategien. Techniken, die früher vor allem den Wohlhabenden vorbehalten waren, sind jetzt in ETFs verfügbar. Das ist Teil der Demokratisierung von Investitionen", sagt Paul Kim, Mitbegründer von Simplify Asset Management. Seit September letzten Jahres hat Simplify 12 ETFs aufgelegt. Bei allen Strategien werden Optionen eingesetzt, um die Rendite zu steigern oder sich vor Verlusten zu schützen. Kim sagt, dass der größte Fonds des Unternehmens, der Simplify US Equity PLUS Downside Convexity ETF, ein "gegürteter S&P 500 Indexfonds" ist.

Dann gibt es die gepufferten ETFs, die Strategien anwenden, die früher auf die so genannten "strukturierten" Produkte beschränkt waren, die üblicherweise von Banken verkauft wurden. Wie diese Produkte bilden auch gepufferte ETFs einen Index ab und nutzen Optionen, um das Kapital vor einem Teil der Marktverluste zu schützen und im Gegenzug an den steigenden Renditen zu partizipieren. Sie sind nicht so teuer wie strukturierte Produkte, man kann jederzeit aussteigen und behält trotzdem die Steuereffizienz. ETFs sind für Rentner interessant, die Aktien halten, aber auch das Risiko begrenzen wollen. Insgesamt gibt es jetzt 74 gepufferte Fonds, von denen die meisten in den letzten 12 Monaten aufgelegt wurden und die insgesamt 6,1 Milliarden Euro an Vermögenswerten eingesammelt haben.

Zurzeit werden sie hauptsächlich über Berater verkauft, die ihren Kunden vor dem Kauf die Risiken und Vorteile erklären können.

Jetzt kommen die aktiven ETFs. Die Welt der aktiv verwalteten ETFs öffnet sich dank einer 2019 verabschiedeten SEC-Regel, die es erlaubt, einige aktive ETFs "intransparent" zu machen. Mit anderen Worten: Im Gegensatz zu den meisten börsengehandelten Fonds müssen nicht-transparente börsengehandelte Fonds nicht jeden Tag detaillierte Portfoliopositionen offenlegen. Stattdessen werden vierteljährlich vollständige Berichte vorgelegt. Die tägliche Offenlegung der Portfoliobestände hielt aktive Manager davon ab, den Anlegern börsengehandelte Fonds anzubieten, da sie zu viel von ihrem Wertpapierauswahlverfahren preisgeben mussten.

Inzwischen haben eine Reihe bekannter Fondsgesellschaften aktive ETFs aufgelegt, sowohl transparente als auch nicht transparente. Fidelity hat in den letzten 18 Monaten 11 neue aktive ETFs aufgelegt. Drei von ihnen sind Klone bekannter Investmentfonds, darunter der Fidelity Blue Chip Growth ETF (Symbol FBCG), dessen ähnlich benannter Schwesterfonds (FBGRX) Mitglied der Kiplinger 25 ist, der Liste unserer beliebtesten Fonds ohne Gebühren.) T. Rowe Price hat im letzten Sommer neue ETF-Versionen seiner Investmentfonds Blue Chip Growth, Dividend Growth (ein weiterer Kiplinger 25-Fonds), Equity Income und Growth Stock aufgelegt. Putnam und American Century haben vor kurzem ebenfalls aktive und intransparente ETFs aufgelegt. Das wachsende Angebot an aktiven börsengehandelten Fonds hat es Anlegern, die an ein aktives Management glauben, leichter gemacht, eine gute Auswahl zu treffen.

Sie sind steuergünstig. Die Steuereffizienz war schon immer ein Anreiz für Anleger in ETFs. Diese Effizienz ist zum Teil auf den geringen Portfolioumschlag zurückzuführen, zumindest bei vielen Index-ETFs. Aber es hat auch mit der Art und Weise zu tun, wie ETF-Anteile geschaffen und zurückgenommen werden. Investmentfonds müssen manchmal die zugrundeliegenden Wertpapiere verkaufen, um die Rückzahlungen der Aktionäre zu erfüllen. Dies kann zu einer Ausschüttung von Kapitalgewinnen führen, die auf alle Anteilseigner des Fonds verteilt werden. Die ETF-Sponsoren kaufen und verkaufen jedoch nicht die zugrunde liegenden Wertpapiere in ihren Portfolios. Dritte, institutionelle Anleger und Market

Maker, so genannte zugelassene Teilnehmer, tun dies für sie und verdienen an den von ihnen getätigten Transaktionen.

Dieser Vorgang wird als Sachgeschäft bezeichnet, da zwischen der ETF und den zugelassenen Teilnehmern kein Bargeld den Besitzer wechselt. Stattdessen liefern ETFs Wertpapierkörbe an zugelassene Teilnehmer für Rücknahmen (oder Fonds erhalten Wertpapierkörbe, wenn neue Anteile geschaffen werden). Da der börsengehandelte Fonds selbst keine Bargeldtransaktionen tätigt, ist es unwahrscheinlich, dass ein Investmentfonds Kapitalgewinne ausschüttet. (Beim Verkauf von Anteilen müssen Sie weiterhin Kapitalertragssteuern zahlen).

Die SEC erlaubt es Portfoliomanagern nun, die Wertpapierkörbe, die sie an zugelassene Teilnehmer weitergeben, individuell zu gestalten und zu wählen, welche Teile bestimmter Wertpapiere in ihrem Portfolio sie an zugelassene Teilnehmer verkaufen. Dies gibt ihnen die Möglichkeit, die Steuereffizienz erheblich zu verbessern.

Andere börsengehandelte Produkte

Börsengehandelte Anlageprodukte sind in verschiedenen Formen erhältlich, die sich deutlich voneinander unterscheiden. Zum Beispiel klingen ETFs, die Abkürzung für börsengehandelte Fonds, und ETNs, die Abkürzung für Exchange Traded Notes, sehr ähnlich. Aber es sind sehr unterschiedliche Produkte.

ETFs investieren in einen Korb von Wertpapieren und werden wie eine Aktie an der Börse gehandelt. Ihr Hauptrisiko besteht darin, dass die Vermögenswerte des ETF an Wert verlieren. Aber ETFs sind so strukturiert, dass Ihre Investition auch dann sicher ist, wenn das Unternehmen, das hinter dem ETF steht, in finanzielle Schwierigkeiten gerät.

ETNs bieten diesen Schutz nicht. Ein ETN ist eine Anleihe oder eine unbesicherte Schuld, die von einer Bank oder einem Finanzunternehmen ausgegeben wird. Im Gegensatz zu herkömmlichen Anleihen zahlen ETNs keine Zinsen und investieren auch nicht in die zugrunde liegenden Wertpapiere der Indizes, denen sie folgen. Die Bank verspricht dem ETN-Inhaber, die Rendite eines Marktindexes abzüglich der Gebühren zu zahlen.

Dieses Versprechen birgt Risiken. Die Kreditwürdigkeit des Emittenten ist entscheidend. Wenn die Bank scheitert (was eine Seltenheit ist) oder ihr Versprechen nicht einhält, den vollen Betrag zu zahlen, könnten Sie mit einer wertlosen oder viel weniger wertvollen Anlage dastehen. Der Wert des ETN kann sinken, wenn das Kreditrating des Emittenten herabgestuft wird. ETNs können auch wenig gehandelt werden, was es schwieriger machen kann, beim Kauf oder Verkauf günstige Preise zu erzielen. Und wenn der ETN vor seinem Fälligkeitsdatum geschlossen wird, erhalten Sie am Ende möglicherweise den aktuellen Marktpreis, der unter dem Kaufpreis liegen kann. Die Zahl der Schließungen nimmt zu: 98 ETNs wurden im vergangenen Jahr geschlossen.

Positiv zu vermerken ist, dass viele ETN-Emittenten finanzstark sind, wie z. B. JPMorgan und Barclays, um nur einige zu nennen, und ETNs betreiben, die ein Dutzend Jahre alt oder älter sind. Und ETNs bieten die Möglichkeit, in Nischen-Anlageklassen wie Rohstoffe oder Währungen zu investieren, und bieten eine Steuervergünstigung (da ETNs keine Dividenden oder Zinserträge ausschütten).

Ein Name, dem Sie vertrauen können? Sie könnten sich auch über börsengehandelte Fonds wundern, die "Trust" in ihrem Namen tragen, wie der SPDR S&P 500 ETF Trust, der größte diversifizierte US-Aktienfonds des Landes. Sie gehören zu den ersten börsengehandelten Fonds und sind wie Investmentfonds strukturiert (im Gegensatz zu der heute üblichen Struktur einer registrierten Investmentgesellschaft), sagt Matthew Bartolini, Leiter von SPDR Americas Research bei State Street Global Advisors. Es gibt unterschiedliche Regeln, aber die Unterschiede sind gering und die Leistungsunterschiede sind minimal. UITs sind weniger flexibel als RICs, da sie alle Wertpapiere eines Index halten müssen, keine Aktien an Leerverkäufer verleihen und keine von den zugrunde liegenden Unternehmen gezahlten Dividenden reinvestieren können, um nur einige Beispiele zu nennen.

Tipps zum Kauf und Verkauf von ETFs

Heutzutage werden börsengehandelte Fonds bei den meisten Online-Brokern provisionsfrei gehandelt. Aber echter Handel erfordert einige Sorgfalt. Hier sind einige Tipps.

Verwenden Sie Limitaufträge. Mit Limit-Aufträgen können Sie den Preis angeben, zu dem Sie bereit sind, Aktien zu kaufen oder zu verkaufen. Sie garantiert keine sofortige Ausführung, stellt aber sicher, dass Ihr Auftrag zum angegebenen Preis oder besser ausgeführt wird - ein wichtiger Schutz in Zeiten unerwarteter Preisschwankungen. Ein Limitauftrag wird nur zum festgelegten Limitpreis oder darunter ausgeführt. Wenn der iShares Core S&P 500 zum Beispiel einen aktuellen Marktpreis von 425 $ hat, setzen Sie Ihren Limitpreis auf 425 $. Wenn Sie hingegen einen Limitauftrag zum Verkauf von Aktien erteilen, wird der Auftrag nur zum Limitpreis oder höher ausgeführt. Marktaufträge werden zum nächsten verfügbaren Preis ausgeführt, unabhängig davon, welcher das ist.

Achten Sie auf das Agio/Disagio des Fonds, insbesondere wenn Sie sich für einen Kauf oder Verkauf entscheiden. ETFs haben zwei Preise: den Marktpreis pro Anteil und den Nettoinventarwert (oder NAV) pro Anteil, der den Wert der dem Fonds zugrunde liegenden Wertpapiere darstellt. Diese Preise können voneinander abweichen. Liegt der Anteilspreis über dem NIW, wird der ETF mit einem Aufschlag gehandelt. Liegt der Kurs unter dem NIW, wird er mit einem Abschlag gehandelt. Die Prämie/der Abschlag kann variieren, insbesondere bei hoher Marktvolatilität. Der iShares Core S&P 500 ETF hatte zuletzt einen typischen Auf-/Abschlag von 0,02 %, aber während des Ausverkaufs Anfang 2020 stieg er auf 0,43 %. Ausländische Aktien-ETFs sind anfällig für hohe Auf-/Abschläge, da die zugrunde liegenden Wertpapiere an Börsen in unterschiedlichen Zeitzonen gehandelt werden. Dies gilt auch für aktive börsengehandelte Fonds, die ihre Bestände nicht täglich offenlegen.

Timen Sie Ihre Geschäfte gut. Handeln Sie nicht an volatilen Tagen. Es wird sich lohnen, zu warten, bis das Chaos vorbei ist. Vermeiden Sie auch den Handel in der ersten oder letzten halben Stunde des Handelstages, da die Volatilität dann tendenziell höher ist. Und kaufen oder verkaufen Sie nie, wenn der Markt geschlossen ist. Bei einem Investmentfonds, den Sie am Ende eines jeden Handelstages einzahlen, mag das kein Problem sein, aber bei einem börsengehandelten Fonds könnten die Eröffnungskurse Sie überraschen.

Tipps und Tricks zum Geldverdienen mit etf

Wie bereits erwähnt, stehen den Anlegern weltweit inzwischen Tausende von ETFs zur Verfügung. Es ist nicht leicht, den Überblick über sie alle zu behalten. Um Ihnen die Orientierung zu erleichtern, geben wir Ihnen Tipps und Tricks an die Hand, wie Sie schnell den richtigen ETF für Ihr Anlageziel finden. Wir gehen auf die einzelnen Auswahlkriterien ein und zeigen Ihnen, wie Sie bei der Auswahl eines ETF vorgehen und worauf Sie achten sollten.
Wählen Sie den richtigen ETF in 3 Schritten

1. Festlegung des Investitionsschwerpunkts

Bevor Sie mit der Auswahl eines bestimmten ETF beginnen, müssen Sie zunächst Ihr Anlageziel festlegen. Entscheiden Sie sich für eine Anlageklasse (z. B. Aktien, Anleihen oder Rohstoffe) und legen Sie deren Gewichtung in Ihrem Portfolio fest. Wenn Sie sich nicht sicher sind, wie viel Prozent Ihres Portfolios auf die einzelnen Klassen entfallen sollten, hilft Ihnen unser ETF Strategy Builder bei der Entscheidung.

Der nächste Schritt ist Ihre Diversifizierungsstrategie. Möchten Sie Ihr Vermögen breit über eine Anlageklasse streuen oder einzelne Marktsegmente abdecken? Bei Aktien können Sie zum Beispiel mit einem ETF weltweit investieren, auf Regionen wie die Schwellenländer abzielen oder in einzelne Länder investieren. Außerdem können Sie sich auf bestimmte Sektoren, eine bestimmte Aktienstrategie oder bestimmte Anlagethemen (z. B. erneuerbare Energien) konzentrieren. Unsere Übersicht der ETFs nach Themen bietet Ihnen einen guten Einstieg. Hier finden Sie schnell die richtigen ETFs für verschiedene Anlagestrategien.

ETF-Tipp: Diversifizierung! Verteilen Sie Ihr Geld auf möglichst viele verschiedene Unternehmen in aller Welt.

1. Index auswählen

Nun, es ist an der Zeit, sich Gedanken über den Index zu machen, der Ihrem ETF folgen wird. Ein guter Index deckt einen möglichst großen Teil des Marktes ab, den Sie verfolgen möchten. Nachdem Sie einen oder mehrere Indizes ausgewählt haben, können Sie die verfügbaren ETFs vergleichen. Der FTSE All-Share-Index beispielsweise bildet 98 % des investierbaren britischen Aktienmarktes ab. Dies macht FTSE All-Share ETFs zu einer ausgezeichneten Möglichkeit, ein Engagement in britischen Aktien aufzubauen. Aktienindex-ETFs, die als FTSE All-World oder MSCI World bekannt sind, werden von fast allen großen ETF-Anbietern angeboten, so dass die entsprechenden Produkte in der Regel sehr günstig sind.

Sie können jeden Index googeln, um mehr darüber herauszufinden, aber die nützlichen Faustregeln sind:

- Je mehr Aktien einem Marktkapitalisierungsindex folgen, desto besser repräsentiert er seinen Markt.
- Breite Marktindizes eignen sich am besten zur Diversifizierung, unabhängig davon, ob Sie in einen ETF investieren oder ein Portfolio aus mehreren ETFs zusammenstellen möchten.
- Je mehr sich ein Index auf bestimmte Unternehmen, Branchen und Länder konzentriert, desto risikoreicher ist er im Vergleich zu einem breiteren Index.

1. ETF auswählen

Nachdem Sie nun die wichtigsten Fragen beantwortet haben, ist es an der Zeit, sich mit den Filtern zu befassen, die Ihnen helfen, einen erstklassigen ETF auszuwählen.

Bei der Auswahl der ETFs spielen viele verschiedene Faktoren eine Rolle, die im Folgenden näher beleuchtet werden. Entscheiden Sie anhand Ihrer individuellen Bedürfnisse, welche ETFs in Ihre Anlagestruktur passen und wie Sie die einzelnen Kriterien priorisieren möchten.

ETF-Auswahlkriterien: Das sollten Sie bei der Auswahl eines ETFs beachten

Auswahlkriterien für Ziel-ETFs

Werfen wir zunächst einen Blick auf die Auswahlkriterien der ETF, die nach objektiven Bewertungsmaßstäben beurteilt werden können. Die Bewertung eines ETF nach diesen Kriterien ist daher unabhängig von Ihrer persönlichen Situation oder Ihren Präferenzen. Je niedriger zum Beispiel die laufenden Kosten eines ETF sind, desto besser. Wenn sich zwei ETFs nur in den laufenden Kosten unterscheiden, wäre der günstigere ETF immer die bessere Wahl. Diese Bewertung würde für alle Anleger gleichermaßen gelten.

Beachten Sie jedoch, dass die Gewichtung dieser objektiven Kriterien eher subjektiv ist und somit von Ihrer persönlichen Einschätzung abhängt. Es liegt also an Ihnen zu entscheiden, ob und in welchem Umfang Sie diese Kriterien bei der Auswahl eines ETF berücksichtigen wollen.

Vor allem die **laufenden** Kosten**, die** Größe des Fonds und das Alter eines ETFs sind wesentliche ETF-Auswahlkriterien und sollten nach Möglichkeit angewendet werden.

Laufende Kosten (TER)

Einer der großen Vorteile von ETFs sind ihre niedrigen Kosten im Vergleich zu anderen Anlagen wie aktiv verwalteten Fonds. Allerdings gibt es selbst zwischen verschiedenen ETFs oft große Kostenunterschiede. Um die Kosten eines börsengehandelten Fonds zu beurteilen, können Sie die Gesamtkostenquote (Total Expense Ratio, TER) heranziehen. Die TER misst die ungefähre jährliche Gebühr, die Sie für das Halten eines ETF zu zahlen haben. Er summiert die verschiedenen Verwaltungs-, Rechts-, Betriebs- und Marketingkosten, die der ETF-Verwaltung entstehen, und zieht diese Ausgaben von Ihren Erträgen ab. Die Ongoing Charge Figure (OCF) ist ein anderer Begriff für dieselbe Sache. Da die TER einer einheitlichen Definition durch die Investmentbranche und die Europäische Union unterliegt und ordnungsgemäß ausgewiesen werden muss, eignet sie sich besonders als Kostenindikator und Auswahlkriterium. Die Angaben der verschiedenen ETF-Anbieter zur TER sind daher vergleichbar und sollten bei der Auswahl eines ETFs unbedingt berücksichtigt werden. Die Rechnung ist einfach:

Niedrige laufende Kosten sollten sich kurz- oder langfristig in höheren Renditen niederschlagen.

Das Problem ist, dass weder die TER noch der OCF die Kosten, die Sie für einen ETF bezahlen, vollständig wiedergeben. Sie enthalten zum Beispiel keine Transaktionskosten oder Steuern.

Diese versteckten Kosten werden jedoch in der jährlichen Rendite eines ETFs ausgewiesen, so dass Sie anhand von Leistungsdaten die Kosten von ETFs genauer vergleichen können. Siehe den Unterschied in der Verfolgung unten.

Fondsgröße (über 100 Mio. €)

Die Fondsgröße bestimmt die Rentabilität eines ETF. ein Fondsvolumen (verwaltetes Vermögen) von mehr als 100 Mio. EUR anstreben. Der börsengehandelte Fonds kann profitabel genug sein, um vor einer Liquidation sicher zu sein, sobald er diesen Schwellenwert überschreitet.

Als Faustregel gilt: Bei einem Fondsvolumen von mehr als 100 Mio. EUR ist die Wirtschaftlichkeit in den meisten Fällen gegeben.

Alter des Fonds (mehr als ein Jahr)

Sie können ETFs besser vergleichen, wenn sie eine angemessene Erfolgsbilanz aufweisen. Sie brauchen mindestens ein Jahr Performance-Daten, drei Jahre sind gut, aber fünf Jahre sind noch besser für eine langfristige Investition. Wenn die ETF eine gewisse Vorgeschichte hat, können Sie auch besser einschätzen, ob die Gefahr besteht, dass sie vorzeitig geschlossen wird. ETFs, die erst kürzlich aufgelegt wurden, haben in der Regel ein eher geringes Fondsvolumen. In solchen Fällen ist es oft unklar, ob der börsengehandelte Fonds nur wegen seiner kurzen Laufzeit ein geringes Volumen aufweist oder ob er bei den Anlegern einfach nicht gefragt ist. Im letzteren Fall besteht die Gefahr, dass die ETF wieder geschlossen wird.

Leistung und Rückverfolgbarkeit des Unterschieds

Der perfekte börsengehandelte Fonds würde genau die gleiche Rendite wie sein Index erzielen. Aber ETFs unterliegen realen Reibungen, die die Indizes nicht betreffen. ETFs müssen Transaktionsgebühren, Steuern, Mitarbeitergehälter, regulatorische Gebühren und eine lange Liste anderer Kosten zahlen. Indizes hingegen sind virtuelle Weltranglisten, so dass sie die Rendite eines Marktes berechnen können, der nicht durch ETF-Sperrfaktoren beeinträchtigt wird.

Der Unterschied zwischen der realen Rendite eines ETF und der virtuellen Rendite eines Index wird als Tracking-Differenz bezeichnet. Ein guter ETF minimiert die Tracking-Differenz, die theoretisch der Marktrendite des Indexes abzüglich der Verwaltungskosten des ETF entspricht.

Sie können den Unterschied in der Nachbildung beurteilen, indem Sie ETFs vergleichen, die denselben Index über denselben Zeitraum abbilden. Vergleichen Sie einfach ihre Gesamterträge über den längsten verfügbaren Zeitraum miteinander.

Die Renditen eines ETF messen seine fundamentale Performance. Unsere Diagramme und Momentaufnahmen der Renditen bieten ein vollständiges Bild der Performance jedes ETFs über eine Vielzahl von Zeiträumen. Denken Sie daran, dass es bei der Bewertung von Renditen einige Fallstricke gibt, aber unsere Daten erleichtern Ihnen den Vergleich.

Bitte bedenken Sie auch, dass sich solche Vergleiche nur auf die Vergangenheit beziehen. Die künftige Wertentwicklung kann davon abweichen. So kann es beispielsweise sein, dass ein ETF erst kürzlich seine Kosten gesenkt hat. Eine solche Kostensenkung würde sich in einer langfristigen historischen Betrachtung nur begrenzt auswirken, hätte aber einen sehr großen Einfluss auf die künftige Wertentwicklung der ETF.

Aus diesem Grund sind die aktuellen Kosten oft ein wichtigeres Auswahlkriterium für ETFs als die historische Performance.

Handelskosten

Beim Kauf eines ETF werden Provisionen auf den Auftrag erhoben. Diese variieren je nach Makler.

ETFs werden im Allgemeinen über die Börse gekauft und verkauft. Neben den Ordergebühren muss auch die Spanne zwischen An- und Verkaufskurs berücksichtigt werden. Wie hoch dieser Spread ist, hängt von der Liquidität des gehandelten ETFs ab.

Die Liquidität bezieht sich auf die Effizienz, mit der Sie einen börsengehandelten Fonds an einer Börse handeln können. Je liquider ein ETF ist, desto wahrscheinlicher ist es, dass Sie ihn schnell und zu minimalen Kosten kaufen und verkaufen können. ETFs für breite Märkte sind im Allgemeinen sehr liquide, da die ihnen zugrunde liegenden Wertpapiere regelmäßig in großen Mengen gehandelt werden. Zum Beispiel sind die meisten Aktien, die auf dem Weltmarkt gehandelt werden, sehr liquide, so dass ein ETF, der dieselben Wertpapiere hält (z. B. FTSE 100-Aktien), ebenfalls schnell und mit einem minimalen Aufschlag gehandelt werden kann.

Dieser Aufschlag wird als Geld-Brief-Spanne bezeichnet und ist die Differenz zwischen dem Kauf- und Verkaufspreis einer Anlage. Es funktioniert genauso wie der Kauf von Fremdwährungen, wenn Sie in den Urlaub fahren. Sie erhalten immer einen etwas niedrigeren Preis, wenn Sie verkaufen, als wenn Sie kaufen. Die Spanne ist der Anteil des Vermittlers an den verbindlichen An- und Verkaufspreisen. Diese Intermediäre werden als Market Maker bezeichnet und tragen zur Aufrechterhaltung der Marktliquidität bei.

Die Geld-Brief-Spanne nimmt mit abnehmender Liquidität zu, und da es sich dabei um Handelskosten handelt - die zusätzlich zu den Handelsgebühren des Brokers/der Plattform gezahlt werden - lohnt es sich, den liquidesten ETF in einer bestimmten Kategorie zu wählen. Die wichtigsten Liquiditätsfaktoren sind:

- Die gut handelbaren Basiswerte des ETF sind besser.
- Untere Größe: Größer ist in der Regel besser.
- Tägliches Handelsvolumen: Je mehr, desto besser.
- Market Maker: mehr ist besser.
- Marktbedingungen: Die Liquidität kann abnehmen, wenn die Märkte sehr volatil sind.

Generell gilt: Je liquider die zugrundeliegenden Wertpapiere sind, desto liquider ist der ETF und desto geringer ist die Geld-Brief-Spanne. Mit zunehmendem Fondsvolumen steigt in der Regel auch die Liquidität eines ETF.

Steuerlicher Status

Achten Sie immer darauf, dass Ihre ETFs den Status eines Meldefonds haben. So können Sie einen bösen Steuerschock in der Zukunft vermeiden. Offshore-Kapitalgewinne werden zu ungünstigen Steuersätzen anstatt zu relativ günstigen Steuersätzen auf Kapitalgewinne besteuert, es sei denn, es handelt sich um Meldefonds. Alle börsengehandelten Fonds haben ihren Sitz außerhalb des Landes und gelten daher als Offshore-Fonds. Die gute Nachricht ist, dass die meisten OGAW-ETFs Fonds melden, aber es lohnt sich immer, einen kurzen Blick in das Merkblatt zu werfen. Anlagen in ISAs und SIPPs sind gegen dieses Problem immun.

ETFs sind zulässige Anlagen für SIPPs und ISAs mit Ausnahme von Help To Buy ISAs. Sie können jetzt Bargeld und Investitionen in einem einzigen ISA halten, obwohl Ihr Konto bei einem Institut sein muss, das Investitionen in Ihrem Namen halten kann. Anlagen in SIPPs und ISAs sind vor Steuern auf Zinsen, Dividenden und Kapitalgewinne geschützt.

Subjektive ETF-Auswahlkriterien

Neben den bisher genannten objektiven Auswahlkriterien der ETF gibt es auch Faktoren, deren Bewertung subjektiv ist. Bei diesen Auswahlkriterien hängt es von Ihren individuellen Bedürfnissen und Vorlieben ab, ob ein bestimmtes Merkmal der ETF wünschenswert ist oder nicht. Auch hier gilt, dass je nach Ihrer persönlichen Situation die folgenden ETF-Kriterien eine sehr hohe Priorität haben oder gegebenenfalls sogar ignoriert werden können.

Nachhaltigkeit

Möchten Sie ausschließlich in Unternehmen investieren, die bestimmte Standards in den Bereichen Nachhaltigkeit, Soziales und Unternehmensführung (ESG) erfüllen? Dann ist dies ein wichtiges Kriterium für Sie bei der Auswahl eines ETF. In unserer ETF-Suche haben Sie die Möglichkeit, Ihre Auswahl auf ETFs zu beschränken, die Nachhaltigkeitskriterien berücksichtigen. Außerdem sollten Sie bei der Auswahl eines Indexes darauf achten, dass die Ausrichtung des gewählten Indexes Ihren persönlichen Beweggründen für nachhaltige Anlagen entspricht.

Methode der Replikation

Wie bildet Ihr ETF seinen Index ab? Es gibt drei Hauptmethoden:

Vollständige physische Nachbildung, bei der der ETF die gleichen Wertpapiere wie der Index in den gleichen Anteilen hält, um eine genaue Performance zu erzielen (unabhängig von den Kosten).

Sampling ist eine weitere Art der physischen Replikation, aber in diesem Fall hält der ETF eine repräsentative Stichprobe der Indexwerte anstelle der letzten. Bei dieser Methode steht die präzise Nachbildung des Index im Gegensatz zu den enormen Kosten, die sonst bei der Nachbildung eines Index voller kleiner, illiquider Wertpapiere anfallen würden.

Bei der synthetischen Replikation wird ein Index durch einen Total Return Swap nachgebildet. Dabei handelt es sich um ein Finanzprodukt, bei dem der

ETF genau die Rendite des Index auszahlt, den er abbildet. Swaps werden in der Regel von Institutionen wie globalen Investmentbanken im Austausch gegen Barmittel des ETF-Anbieters bereitgestellt. Die synthetische Replikation befreit einen ETF vom physischen Halten von Indexpapieren, was nützlich ist, wenn diese unzugänglich, illiquide oder so zahlreich sind, dass es unpraktisch wird, sie alle zu halten.

Bei der synthetischen Replikation sind Sie dem Kontrahentenrisiko ausgesetzt: der Möglichkeit, dass der Swap-Anbieter seinen Verpflichtungen nicht nachkommt.

Die physische Nachbildung kann Sie auch einem Gegenparteirisiko aussetzen, wenn Ihr ETF-Anbieter Wertpapierleihgeschäfte tätigt, d. h. Wertpapiere an andere Finanzhändler verleiht, um Leerverkäufe zu tätigen. Die Sicherheitskreditpolitik eines Anbieters sollte auf seiner Website veröffentlicht werden.

Die vollständige physische Replikation ist natürlich die einfachste Methode, aber sie ist nicht immer für alle Märkte verfügbar.

Behandlung des Einkommens (Verwendung des Gewinns)

Ausschüttende ETFs zahlen die Erträge (Zinsen oder Dividenden) direkt auf Ihr Plattform-/Brokerkonto, so dass Sie sie nach Belieben ausgeben oder wieder anlegen können.

Thesaurierende (oder kapitalisierende) ETFs schütten keine Erträge aus, sondern legen diese automatisch wieder im Produkt an. Dies erhöht den Wert Ihres ETF-Anteils, spart Transaktionskosten und steigert den Wert Ihrer Anlage im Laufe der Zeit durch den Zinseszinseffekt.

Je nach Ihrer persönlichen Situation können ausschüttende oder thesaurierende ETFs für Sie besser geeignet sein.

ETF-Anbieter

ETFs werden von vielen führenden Banken und Fondsgesellschaften verwaltet. Das Markenzeichen eines guten Anbieters ist die Art und Weise, wie er mit seinen Kunden umgeht:

- klare Darstellung wichtiger Informationen und Maßnahmen
- leichte Zugänglichkeit von Produktdetails, Dokumentationen und Daten auf ihrer Website
- wichtige Informationen und Dokumente, die regelmäßig aktualisiert

werden

- Informationen, die verstanden werden sollen und nicht verwirren

Wenn Sie keine Präferenz für einzelne Anbieter haben, können Sie dieses Kriterium bei der Auswahl von ETFs ignorieren.

Die gute Nachricht ist, dass Ihre Bank alle Daten für Sie in die Währung umrechnet, in der Ihr Wertpapierdepot geführt wird. Darüber hinaus sind die möglichen Währungsrisiken des ETFs nicht mit der Fondswährung verbunden. Daher können Sie die Fondswährung als Kriterium für die Auswahl eines ETF guten Gewissens ignorieren.

Domizil des Fonds

Es lohnt sich, den eingetragenen Sitz Ihrer ETF zu kennen, um spätere steuerliche Komplikationen zu vermeiden.

In der EU zugelassene börsengehandelte Fonds sind an der Abkürzung OGAW in ihrem Namen zu erkennen. Bei den OGAW handelt es sich um eine Reihe von EU-Vorschriften, die Standards für das Gegenparteirisiko, die Vermögensstreuung, die Offenlegung und andere Verbraucherschutzmaßnahmen festlegen.

US-amerikanische und kanadische ETFs unterliegen nicht den OGAW-Grundsätzen und können zusätzlichen steuerlichen, rechtlichen und wechselkursbedingten Nachteilen ausgesetzt sein. Solche börsengehandelten Fonds sind im Allgemeinen daran zu erkennen, dass der OGAW nicht in ihrem Namen steht und ihre Wertpapierkennnummer (ISIN) mit US oder CA beginnt.

Schlussfolgerungen

Börsengehandelte Fonds (ETFs) verfügen über eine Reihe von Merkmalen, die sie zu idealen Anlageinstrumenten für junge Anleger mit geringem Kapital machen können. Zum einen ermöglichen es Exchange Traded Funds, mit relativ geringen Anlagebeträgen ein diversifiziertes Portfolio aufzubauen. In der Tat gibt es mindestens fünf Gründe, warum junge Anleger ETFs als potenzielle Anlagemöglichkeiten in Betracht ziehen sollten.

1. Vielfalt der ETFs

Die ersten börsengehandelten Fonds, die in den späten 1980er und frühen 1990er Jahren eingeführt wurden, waren relativ einfache Produkte, die Aktienindizes wie den Standard & Poor's 500 Index und den Dow Jones Industrial Average nachbildeten. Seitdem ist das Angebot an börsengehandelten Fonds explodiert und umfasst nun praktisch alle Anlageklassen: Aktien, Anleihen, Immobilien, Rohstoffe, Währungen und internationale Anlagen sowie alle erdenklichen Sektoren und sogar viele Nischenbereiche.

Wichtige Punkte

- Börsengehandelte Fonds können jungen Anlegern mit relativ geringem Kapital Chancen bieten.
- Mit einer Auswahl von fast 2200 börsengehandelten Fonds kann man an einer Vielzahl verschiedener Märkte teilnehmen.
- ETFs können während des gesamten Handelstages ge- und verkauft werden, und viele von ihnen sind sehr liquide und werden in großem Umfang gehandelt.
- Die meisten börsengehandelten Fonds verwenden einen kostengünstigen Indexierungsansatz.
- Einige börsengehandelte Fonds machen sich Modeerscheinungen oder Trends zunutze, wie z. B. die Schaffung von Portfolios, die auf ökologisch oder sozial verantwortlichen Anlagen basieren.

Der Wettbewerb zwischen den Emittenten von börsengehandelten Fonds hat zur Einführung sehr spezifischer börsengehandelter Fonds geführt, so dass junge Anleger spezifische börsengehandelte Fonds finden können, die bestimmte Märkte oder Segmente verfolgen, die für sie besonders interessant sein könnten. Es gibt auch eine Reihe von inversen ETFs, die in die entgegengesetzte Richtung eines Vermögenswerts oder Marktes handeln, sowie gehebelte ETFs, die die Ergebnisse um das Zwei- oder Dreifache vergrößern.

Nehmen wir den Fall eines jungen Anlegers, der 2.500 EUR investieren möchte. Gehen wir davon aus, dass dieser Anleger ein eifriger Student der Finanzmärkte ist und einige klar definierte Ansichten über bestimmte Investitionen hat. Sie sind optimistisch, was den US-Aktienmarkt angeht, und möchten sich hauptsächlich in US-Aktien engagieren, möchten aber auch kleinere Positionen einnehmen, um zwei andere Meinungen zum Ausdruck zu bringen: Sie sind optimistisch für Gold und den japanischen Yen und erwarten, dass beide steigen werden.

Während ein solches Portfolio in der Vergangenheit (insbesondere vor dem Aufkommen von Rohstoff- und Währungs-ETFs) einen wesentlich höheren Kapitaleinsatz erfordert hätte, kann ein Anleger mit 2.500 Euro ein Portfolio zusammenstellen, das durch den Einsatz von ETFs alle Sichtweisen einbezieht. So könnte dieser Anleger beispielsweise 1.500 Euro in den Standard & Poor's Depositary Receipts 500 Trust (SPY) und jeweils 500 Euro in den SPDR Gold Fund (GLD) und den Invesco CurrencyShares Japanese Yen Trust (FXY) investieren.

2. Liquidität von ETFs

Die Tatsache, dass die meisten börsengehandelten Fonds sehr liquide sind und während des Tages gehandelt werden können, ist ein großer Vorteil gegenüber Indexfonds, die nur am Ende des Geschäftstages bewertet werden. Dies ist vor allem für junge Anleger von entscheidender Bedeutung, die eine verlustbringende Investition sofort aufgeben möchten, um ihr begrenztes Kapital zu schonen. Ausreichende Liquidität bedeutet auch, dass die Anleger die Möglichkeit haben, ETF-Anteile für den Intraday-Handel zu nutzen, ähnlich wie bei Aktien.

3. Niedrige ETF-Gebühren

Börsengehandelte Fonds haben im Allgemeinen niedrigere Kostenquoten als Investmentfonds. Und obwohl sie wie Aktien gekauft und verkauft werden, bieten viele Online-Broker ETFs ohne Provisionen an, selbst für Anleger mit kleinen Konten. Dies kann für junge Anleger eine große Hilfe sein, da hohe Provisionen und Gebühren ihr Kontoguthaben stark aufzehren können.

4. Wahlmöglichkeit bei der Anlageverwaltung mit ETFs

ETFs ermöglichen es den Anlegern, ihre Anlagen in dem von ihnen bevorzugten Stil zu verwalten: passiv, aktiv oder irgendwo dazwischen. Bei der passiven Verwaltung oder Indexinvestition wird einfach ein Portfolio erstellt, das einen oder mehrere Marktindizes nachahmt, während bei der aktiven Verwaltung ein praktischer Ansatz verfolgt wird und bestimmte Aktien oder Sektoren ausgewählt werden, um den Markt zu schlagen".

Für junge Anleger, die mit den komplexen Zusammenhängen der Finanzmärkte noch nicht so vertraut sind, ist es sinnvoll, zunächst einen passiven Verwaltungsansatz zu wählen und mit zunehmendem Wissen schrittweise zu einem aktiveren Stil überzugehen. Sektor-ETFs ermöglichen es den Anlegern, Hausse- oder Baisse-Positionen in bestimmten Sektoren oder Märkten einzunehmen, während inverse ETFs und gehebelte ETFs den Anlegern die Möglichkeit geben, fortschrittliche Portfoliomanagementstrategien einzubauen.

5. Mit ETFs am Puls der Zeit bleiben

Einer der Hauptgründe für das schnelle Wachstum der börsengehandelten Fonds ist, dass ihre Emittenten bei der Einführung neuer und innovativer Produkte eine Vorreiterrolle spielen. Die Emittenten von börsengehandelten Fonds haben in der Regel schnell auf die Nachfrage nach Produkten in heißen Sektoren reagiert. So wurden beispielsweise während des Rohstoffbooms von 2003 bis 2007 zahlreiche börsengehandelte Rohstofffonds eingeführt. Einige dieser börsengehandelten Fonds orientierten sich an breiten Rohstoffkörben, andere an bestimmten Rohstoffen wie Rohöl und Gold. Darüber hinaus wurden zahlreiche ETFs aufgelegt, die sich an ökologischen, sozialen und Governance-Grundsätzen (ESG) orientieren.

Obwohl die meisten ETFs passiv verwaltet werden, d. h. einfach einem Index folgen, gibt es auch aktiv verwaltete ETFs.

Es ist wahrscheinlich, dass die Dynamik und Innovation der ETF-Emittenten junge Anleger anziehen wird. In dem Maße, in dem neue Anlagetrends entstehen und die Nachfrage nach noch neueren Anlageprodukten steigt, werden zweifellos auch börsengehandelte Fonds eingeführt werden, um diese Nachfrage zu befriedigen.

Junge Anleger, die mit den komplexen Zusammenhängen der Finanzmärkte noch nicht so vertraut sind, sind mit einem börsengehandelten Fonds, der den allgemeinen Markt abbildet, gut bedient. Sektorfonds ermöglichen es den Anlegern, in bestimmten Sektoren Hausse- oder Baisse-Positionen einzunehmen, während inverse ETFs und gehebelte ETFs den Anlegern die Möglichkeit geben, fortgeschrittene Portfoliomanagement-Strategien einzubauen. Zu den weiteren Merkmalen von ETFs, die sie zu idealen Anlageinstrumenten für junge Anleger machen, gehören Diversifizierung, Liquidität, niedrige Gebühren, Wahlmöglichkeiten bei der Anlageverwaltung und Innovation.

Sicher, sie sind billiger als Investmentfonds. Sicher, sie sind steuereffizienter als Investmentfonds. Sicher, sie sind transparent, gut strukturiert und im Allgemeinen gut durchdacht.

Aber was ist mit den Risiken? Zeigen Sie sie uns:

1) Marktrisiko

Das größte Risiko bei ETFs ist das Marktrisiko. Die Märkte steigen und fallen. ETFs sind nur eine Hülle für die ihnen zugrunde liegenden Anlagen. Wenn Sie also einen S&P 500-ETF kaufen und der S&P 500 um 50 Prozent sinkt, hilft es Ihnen nichts, wie billig, steuereffizient oder transparent ein ETF ist.

2 "Ein Buch nach seinem Einband beurteilen

Das zweitgrößte Risiko, das wir bei börsengehandelten Fonds sehen, ist das Risiko, ein Buch nach seinem Einband zu beurteilen". Mit mehr als 2000 ETFs auf dem Markt haben Anleger heute eine große Auswahl, egal für welchen Bereich des Marktes sie sich entscheiden. In den vergangenen Jahren betrug beispielsweise der Unterschied zwischen dem "Biotech"-ETF mit der besten Rendite und dem "Biotech"-ETF mit der schlechtesten Rendite über 18 %.

Wie das? Einer dieser börsengehandelten Fonds enthält Unternehmen der nächsten Generation in der Genomik, die Krebs heilen wollen, während der andere Instrumentenunternehmen im Bereich der Biowissenschaften enthält. Beide Biotech? Ja. Aber sie bedeuten für verschiedene Menschen unterschiedliche Dinge.

3) Risiko einer exotischen Exposition

Die börsengehandelten Fonds haben eine außerordentliche Arbeit geleistet und verschiedene Marktbereiche erschlossen, von traditionellen Aktien und

Anleihen bis hin zu Rohstoffen, Währungen, Optionsstrategien und mehr. Aber ist der einfache Zugang zu diesen komplexen Strategien eine gute Idee? Nicht ohne zu studieren.

Möchten Sie ein Beispiel? Verfolgt der US-Öl-ETF (USO | A-100) den Preis des Rohöls? Nein, nicht ganz. Bietet der ProShares Ultra QQQ ETF (QLD), ein doppelt gehebelter ETF, im Laufe eines Jahres 200 Prozent der Rendite seines Referenzindexes? Nein, das ist nicht der Fall.

Bei Aktien- und Anleihen-ETFs ist die Komplexität am größten. Seien Sie vorsichtig.

4) Steuerliches Risiko

Das "exotische" Risiko hat Auswirkungen auf die Steuer. Der SPDR Gold Trust (GLD | A-100) hält Goldbarren und bildet den Goldpreis nahezu perfekt ab. Wenn Sie GLD kaufen und ein Jahr lang halten, zahlen Sie dann den langfristigen Kapitalertragssteuersatz, wenn Sie es verkaufen?

Das würden Sie tun, wenn es eine Aktie wäre. Aber selbst wenn Sie GLD wie eine Aktie kaufen und verkaufen, werden Sie auf der Grundlage dessen besteuert, was es enthält: Goldbarren. Und aus Sicht der Steuerbehörde sind Goldbarren ein "Sammlerstück". Das bedeutet, dass Sie Steuern zahlen, egal wie lange Sie sie behalten.

Währungen werden noch schlechter behandelt.

5) Gegenparteirisiko

ETFs sind im Großen und Ganzen vor dem Kontrahentenrisiko sicher. Obwohl Panikmacher gerne Ängste vor der Wertpapierleihe innerhalb von ETFs schüren, ist dies meist Unsinn: Wertpapierleiheprogramme sind in der Regel übergarantiert und äußerst sicher.

Der einzige Bereich, in dem das Kontrahentenrisiko eine Rolle spielt, sind ETNs. ETNs sind einfach Schuldverschreibungen, die von einer zugrunde liegenden Bank garantiert werden. Wenn die Bank scheitert, haben Sie Pech gehabt.

6) Risiko der Verhaftung

Es gibt viele ETFs, die sehr beliebt sind, und viele, die unbeliebt sind. Jedes Jahr werden etwa 100 dieser ungeliebten ETFs eingestellt.

Die Schließung der ETF ist nicht das Ende der Welt. Der Fonds wird aufgelöst und die Anteilseigner erhalten eine Barauszahlung. Es ist jedoch kein Spaß. Häufig erzielt der ETF während des Liquidationsprozesses

Kapitalgewinne, die er an die eingetragenen Anteilseigner auszahlt. Hinzu kommen Transaktionskosten, eine unregelmäßige Verfolgung und verschiedene andere Beschwerden. Eine Fondsgesellschaft besaß sogar die Frechheit, die Anteilseigner mit Anwaltskosten für die Schließung des Fonds zu unterstützen (dies ist zwar selten, aber es kam vor).

Meistens wird empfohlen, einen börsengehandelten Fonds zu verkaufen, sobald er seine Schließung ankündigt.

7) Risiko interessanter Neuerungen

Die ETF-Vermarktungsmaschine ist eine mächtige Kraft. Jede Woche, manchmal sogar jeden Tag, bringt sie etwas Neues heraus, einen wichtigen börsengehandelten Fonds, einen Fonds, der den Markt mit weniger Risiko übertrifft, und vieles mehr.

Beachten Sie diese Warnung: "Glauben Sie nicht an den Hype".

Obwohl viele fantastische neue ETFs auf den Markt kommen, sollten Sie sich vor allem in Acht nehmen, was ein kostenloses Mittagessen verspricht. Studieren Sie das Marketingmaterial sorgfältig, bemühen Sie sich um ein umfassendes Verständnis der Strategie des zugrunde liegenden Index und vertrauen Sie nicht auf rückwirkende Renditen.

8) Risiko eines überfüllten Handels

Das "Risiko des überfüllten Handels" ist mit dem "Risiko des Neuen" verbunden. Häufig erschließen ETFs kleine Bereiche der Finanzmärkte, in denen es Anlagen gibt, die den Anlegern einen echten Mehrwert bieten. Bankkredite sind ein gutes Beispiel. Vor einigen Jahren hatten die meisten Anleger noch nicht einmal von Bankkrediten gehört; heute sind mehr als 10 Milliarden Euro in ETFs auf Bankkredite investiert.

Das ist großartig... aber Vorsicht: Wenn das Geld fließt, kann die Attraktivität eines bestimmten Vermögenswerts abnehmen. Außerdem haben einige dieser neuen Anlageklassen Liquiditätsgrenzen. Wenn das Geld in Strömen fließt, könnten die Bewertungen Schaden nehmen.

Damit will ich niemanden vor Bankkrediten, Schwellenländeranleihen, Strategien mit geringer Volatilität oder ähnlichem warnen. Seien Sie sich bei Ihren Käufen bewusst: Wenn dieser Vermögenswert vor einem Jahr noch kein wesentlicher Bestandteil Ihres Portfolios war, sollte er auch heute noch am Rande Ihres Portfolios stehen.

9) Risiko des ETF-Handels

Anders als bei Investmentfonds ist es nicht immer möglich, einen ETF ohne Transaktionskosten zu kaufen. Wie jede Aktie hat auch ein ETF einen Spread, der von einem Cent bis zu mehreren Euro reichen kann. Die Spreads können auch im Laufe der Zeit variieren, d. h. an einem Tag gering und am nächsten Tag groß sein. Noch schlimmer ist, dass die Liquidität eines börsengehandelten Fonds nur oberflächlich sein kann: Der ETF wird vielleicht für einen Penny für die ersten 100 Anteile gehandelt, aber für den schnellen Verkauf von 10.000 Anteilen müssen Sie möglicherweise einen Spread von einem Viertel zahlen.

Die Handelskosten können Ihre Rendite schnell auffressen. Informieren Sie sich vor dem Kauf über die Liquidität eines ETFs und handeln Sie immer mit Limit-Orders.

10) Risiko des Zusammenbruchs des ETF

Die meiste Zeit funktionieren ETFs genau so, wie sie sollten: Sie folgen ihren Indizes und werden nahe am Nettoinventarwert gehandelt. Aber manchmal bricht etwas im ETF zusammen und die Preise können außer Kontrolle geraten.

Oft ist nicht die ETF schuld. Als der Arabische Frühling ausbrach, wurde die ägyptische Börse für mehrere Wochen geschlossen. Der ETF Market Vector Egypt (EGPT | F-57) war die einzige diversifizierte, börsengehandelte Möglichkeit, darauf zu spekulieren, wo dieser Markt eröffnen würde, wenn sich die Lage stabilisiert. Während des Stillstands waren westliche Anleger sehr optimistisch und ließen den börsengehandelten Fonds gegenüber dem Stand vor der Revolution stark ansteigen. Doch als Ägypten wieder öffnete, war der Markt im Wesentlichen unverändert und der Wert des börsengehandelten Fonds stürzte ab. Es war nicht die Schuld des ETF, aber die Anleger wurden verbrannt.

Wir haben dies auch bei ETNs oder Rohstoff-ETFs erlebt, wenn das Produkt (aus verschiedenen Gründen) die Ausgabe neuer Anteile eingestellt hat. Diese Fonds können mit hohen Aufschlägen gehandelt werden, und wenn Sie einen börsengehandelten Fonds mit einem hohen Aufschlag kaufen, sollten Sie damit rechnen, dass Sie beim Verkauf Geld verlieren.

Im Allgemeinen tun ETFs das, was sie vorgeben zu tun, und sie tun es gut. Aber zu sagen, es gäbe kein Risiko, bedeutet, die Realität zu ignorieren.

Als letzten Ratschlag möchte ich nur diese kleine Formel nennen: Vorsicht + Studium = Wissen und Glück.

Nur so können Sie Ihre Chance in dieser fantastischen Welt der ETFs finden.

CPSIA information can be obtained
at www.ICGtesting.com
Printed in the USA
BVHW091146200922
647493BV00009B/1047